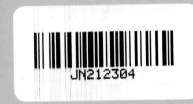

「考える力」が
深まる!

12歳までに知っておきたい
論《ろん》理《り》的《てき》思《し》考《こう》力《りょく》図《ず》鑑《かん》

齋藤 孝・著

日本能率協会マネジメントセンター

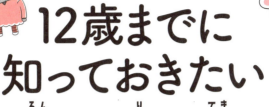

はじめに

「論理的《ろんりてき》な人《ひと》」と聞《き》いて、どのような人《ひと》を思《おも》い浮《う》かべるだろう。「難《むずか》しいことを知《し》っている人《ひと》」かな。それとも「討論《とうろん》が得意《とくい》な人《ひと》」かな。

「論理的《ろんりてき》」とは、「物事《ものごと》を整理《せいり》し、きちんと筋道《すじみち》を立《た》てて考《かんが》えるさま」を意味《いみ》するよ。論理的思考力《ろんりてきしこうりょく》が高《たか》い人《ひと》は、頭《あたま》の中《なか》を整理《せいり》し、順序立《じゅんじょだ》てて考《かんが》えることができるから、問題《もんだい》を解決《かいけつ》する力《ちから》も高《たか》いんだ。

さらには思《おも》いこみや決《き》めつけに左右《さゆう》されないから、新《あたら》しい視点《してん》とアイデアを生《う》み出《だ》すのが得意《とくい》な人《ひと》でもある。

また、自分《じぶん》の考《かんが》えを説明《せつめい》したり、相手《あいて》の考《かんが》えを理解《りかい》したりするのも上《じょう》手《ず》だから、ステキな人間関係《にんげんかんけい》を築《きず》くこともできるんだよ。

これからキミが大人《おとな》へと成長《せいちょう》していくなかで、たくさんの問題《もんだい》や悩《なや》みにぶつかるだろう。頭《あたま》と心《こころ》がモヤモヤして、どうしたらいいかわからなくなることがあるかもしれない。

でもそんなときこそ、論理的思考力《ろんりてきしこうりょく》の出番《でばん》。原因《げんいん》を探《さぐ》り、自分《じぶん》の思考《しこう》を整理《せいり》することで正《ただ》しい答《こた》えを導《みちび》き出《だ》せるようになるよ。頭《あたま》がスッキリすると、心《こころ》もスッキリしてくるんだ。

この本《ほん》には、論理的思考力《ろんりてきしこうりょく》を鍛《きた》えるための問題《もんだい》や、論理的《ろんりてき》に物事《ものごと》を理《り》解《かい》するために必要《ひつよう》な考《かんが》え方《かた》がまとめてあるよ。問題《もんだい》を解《と》くときは直感《ちょっかん》や「なんとなく」に頼《たよ》らずに、筋道《すじみち》を立《た》てて考《かんが》えるように意識《いしき》してね。

この本《ほん》を読《よ》んで、楽《たの》しく論理的思考力《ろんりてきしこうりょく》を身《み》につけよう！

齋藤《さいとう》 孝《たかし》

12歳《さい》までに知《し》っておきたい論理的思考力《ろんりてきしこうりょく》図鑑《ずかん》

もくじ

はじめに　2

STEP《ステップ》1 論理的思考力《ろんりてきしこうりょく》トレーニング　12

どこに遊《あそ》びに行《い》けばいい？　14
円《まる》いケーキを3等分《とうぶん》しよう　16
パンをより早《はや》く焼《や》き上《あ》げるには？　18
本当《ほんとう》のことを言《い》っているのは誰《だれ》だ　20
ややこしい計算《けいさん》を簡単《かんたん》にする方法《ほうほう》①　22

ややこしい計算《けいさん》を簡単《かんたん》にする方法《ほうほう》② 24
お得《とく》なリンゴはどっち？ 26
ツルは何羽《なんわ》？ カメは何匹《なんびき》？ 28
偽物《にせもの》のコインを見抜《みぬ》け 30
「よく当《あ》たる」宝《たから》くじ売《う》り場《ば》はあるの？ 32
売《う》れ残《のこ》ったお菓子《かし》は何個《なんこ》だろう 34
トーナメント戦《せん》の試合数《しあいすう》は一瞬《いっしゅん》でわかる 36
発見《はっけん》！ 迷路《めいろ》の必勝法《ひっしょうほう》 38
「今《いま》まで○○だったから」は正《ただ》しい？ 40
「みんなが○○だから」は理由《りゆう》になる？ 42
ホップ、ステップ、ジャンプの三段論法《さんだんろんぽう》 44
どこが変《へん》かな？ 誤《あやま》った三段論法《さんだんろんぽう》 46

「仲良《なかよ》しだから」賛成《さんせい》するの？ 48
友達《ともだち》をイライラさせた原因《げんいん》は？ 50
論点《ろんてん》をずらすのはずるいこと 52
この話《はな》し方《かた》で伝《つた》わる？ 伝《つた》わらない？ 54
カッとなって仕返《しかえ》しをするのは論理的《ろんりてき》？ 56
わかりにくい説明《せつめい》をスッキリ整《ととの》えよう 58
「なぜなぜツリー（why《ホワイ》ツリー）」で原因《げんいん》を探《さが》そう 60
「どうやってツリー（how《ハウ》ツリー）」で解決法《かいけつほう》を探《さが》そう 62
占《うらな》いが当《あ》たったのは気《き》のせいかも？ 64
動画《どうが》に夢中《むちゅう》で大事《だいじ》なことが後回《あとまわ》し 66
宿題《しゅくだい》を期限内《きげんない》に終《お》わらせるには？ 68

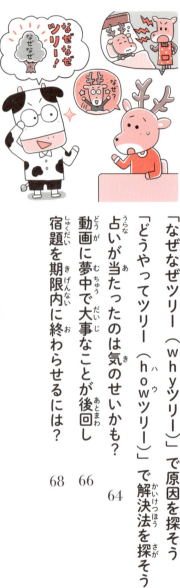

無理《むり》＆《アンド》無駄《むだ》のない、お使《つか》いの順番《じゅんばん》を考《かんが》えよう　70
上手《じょうず》に袋詰《ふくろづ》めができるかな？　72
頭《あたま》も部屋《へや》もスッキリする掃除《そうじ》の手順《てじゅん》　74
家具《かぐ》を組《く》み立《た》てる前《まえ》にやるべきこと　76
写真《しゃしん》やイラストから情報《じょうほう》を読《よ》み取《と》ろう　78
グラフにだまされないために　80
あやしいネット広告《こうこく》にご用心《ようじん》　82

STEP《ステップ》 2 因果関係《いんがかんけい》をつかもう

STEP《ステップ》 2 因果関係《いんがかんけい》をつかもう 84

原因《げんいん》から結果《けっか》を考《かんが》えよう① 86
原因《げんいん》から結果《けっか》を考《かんが》えよう② 88
原因《げんいん》から結果《けっか》を考《かんが》えよう③ 90
原因《げんいん》から結果《けっか》を考《かんが》えよう④ 92
原因《げんいん》から結果《けっか》を考《かんが》えよう⑤ 94

結果《けっか》から原因《げんいん》を考《かんが》えよう① 96
結果《けっか》から原因《げんいん》を考《かんが》えよう② 98
結果《けっか》から原因《げんいん》を考《かんが》えよう③ 100
結果《けっか》から原因《げんいん》を考《かんが》えよう④ 102

文章《ぶんしょう》から因果関係《いんがかんけい》を見《み》つけよう① 104
文章《ぶんしょう》から因果関係《いんがかんけい》を見《み》つけよう② 106
文章《ぶんしょう》から因果関係《いんがかんけい》を見《み》つけよう③ 108
文章《ぶんしょう》から因果関係《いんがかんけい》を見《み》つけよう④ 110
文章《ぶんしょう》から因果関係《いんがかんけい》を見《み》つけよう⑤ 112

STEP《ステップ》 3 主観《しゅかん》と客観《きゃっかん》を理解《りかい》しよう 114

「浦島太郎《うらしまたろう》」について 116
パン屋《や》さんについて 118
今日《きょう》の天気《てんき》について 120
東京《とうきょう》スカイツリーについて 122
新聞《しんぶん》の表現《ひょうげん》について 124
道案内《みちあんない》をしよう 126
おこづかいをアップしてもらおう 128

スマートフォンを買《か》ってもらおう 130
友達《ともだち》に催促《さいそく》しよう 132
映画《えいが》のあらすじを説明《せつめい》しよう 134
映画《えいが》の感想《かんそう》を伝《つた》えよう 136
友達《ともだち》をプールに誘《さそ》おう 138
SNS《エスエヌエス》の投稿《とうこう》について考《かんが》えよう 140
友達《ともだち》にお気《き》に入《い》りをオススメしよう 142

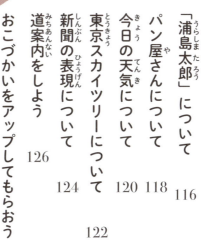

STEP《ステップ》 4

文《ぶん》と文《ぶん》を「つなぐ言葉《ことば》」を知《し》ろう

文《ぶん》と文《ぶん》を「つなぐ言葉《ことば》」を知《し》ろう 144
「だから」の意味《いみ》とイメージ 146
「しかし」の意味《いみ》とイメージ 148
「つまり」の意味《いみ》とイメージ 150
「たとえば」の意味《いみ》とイメージ 152
「なかでも」の意味《いみ》とイメージ 154
「さらに」の意味《いみ》とイメージ 156
「しかも」の意味《いみ》とイメージ 158
「なぜなら」の意味《いみ》とイメージ 160
「むしろ」の意味《いみ》とイメージ 162
「かつ」の意味《いみ》とイメージ 164
「または」の意味《いみ》とイメージ 166
「および」の意味《いみ》とイメージ 168
「ただし」の意味《いみ》とイメージ 170
「ところで」の意味《いみ》とイメージ 172
「まず＆《アンド》次《つぎ》に＆《アンド》最後《さいご》に」の意味《いみ》とイメージ 174
「それなのに」の意味《いみ》とイメージ 176
「そのかわり」の意味《いみ》とイメージ 178
「ちなみに」の意味《いみ》とイメージ 180
「一方《いっぽう》」の意味《いみ》とイメージ 182
「もし」の意味《いみ》とイメージ 184
「必《かなら》ず・ほぼ・多分《たぶん》・ひょっとすると」の意味《いみ》とイメージ 186

ステップ STEP 5 名作《めいさく》を論理的《ろんりてき》に理解《りかい》しよう 188

登場人物《とうじょうじんぶつ》の気持《きも》ちを理解《りかい》しよう 190

物語《ものがたり》に登場《とうじょう》する景色《けしき》を理解《りかい》しよう 194

登場人物《とうじょうじんぶつ》にまつわる描写《びょうしゃ》を理解《りかい》しよう 198

物語《ものがたり》の地理《ちり》を理解《りかい》しよう 202

主人公《しゅじんこう》の思《おも》いこみを理解《りかい》しよう 206

作者《さくしゃ》の気持《きも》ちを理解《りかい》しよう 210

名探偵《めいたんてい》の論理的思考《ろんりてきしこう》を理解《りかい》しよう 214

主人公《しゅじんこう》の考《かんが》えを理解《りかい》しよう 218

おわりに 222

出典一覧《しゅってんいちらん》 223

冬《ふゆ》
春《はる》
秋《あき》
夏《なつ》
あけぼの
◎空《そら》が白《しら》み 紫《むらさき》の雲《くも》が たなびく様子《ようす》
夜《よる》
◎月夜《つきよ》
◎闇夜《やみよ》
◎飛《と》ぶホタル
◎雨《あめ》
夕暮《ゆうぐ》れ
◎飛《と》ぶカラス
◎飛《と》ぶガン
◎風《かぜ》の音《おと》
◎虫《むし》の音《ね》
早朝《そうちょう》
◎雪《ゆき》
◎霜《しも》
◎炭《すみ》を持《も》ち 運《はこ》ぶ姿《すがた》

STEP《ステップ》

1

論《ろん》理《り》的《てき》思《し》考《こう》力《りょく》トレーニング

論理的思考力《ろんりてきしこうりょく》を身《み》につけるには、
実際《じっさい》に考《かんが》えることがいちばんの近道《ちかみち》！
日常生活《にちじょうせいかつ》のちょっとした「困《こま》ったな」を題材《だいざい》にした、
トレーニング問題《もんだい》に挑戦《ちょうせん》しよう。

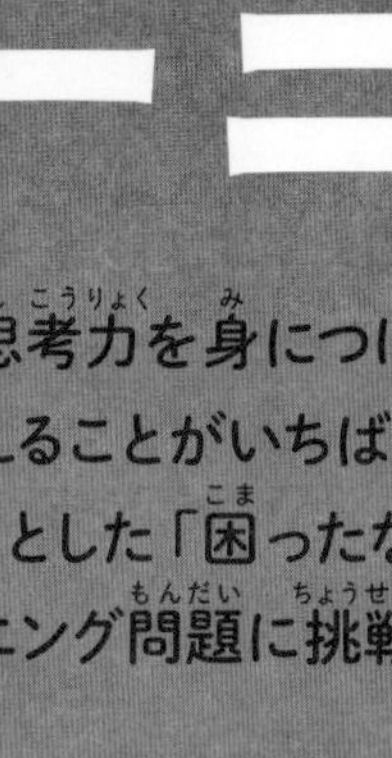

このSTEP《ステップ》の使《つか》い方《かた》・読《よ》み方《かた》

まずは、論理的思考《ろんりてきしこう》の基本《きほん》である「物事《ものごと》を整理《せいり》し、筋道《すじみち》を立《た》てて考《かんが》える」ことを意識《いしき》しよう。紙《かみ》と鉛筆《えんぴつ》を用意《ようい》して、書《か》きながら考《かんが》えるのもオススメ。ナイスアイデアを思《おも》いつくかもしれないよ。

これでスッキリ！&《アンド》ここがモヤモヤ

いわゆる「答《こた》え」にあたることが書《か》いてあるよ。

イラスト

登場《とうじょう》するのは、人間《にんげん》のように暮《く》らしている動物《どうぶつ》たち。考《かんが》え方《かた》のヒントが隠《かく》れている場合《ばあい》もあるよ。

タイトル

そのページで取《と》り上《あ》げるテーマが書《か》いてあるよ。

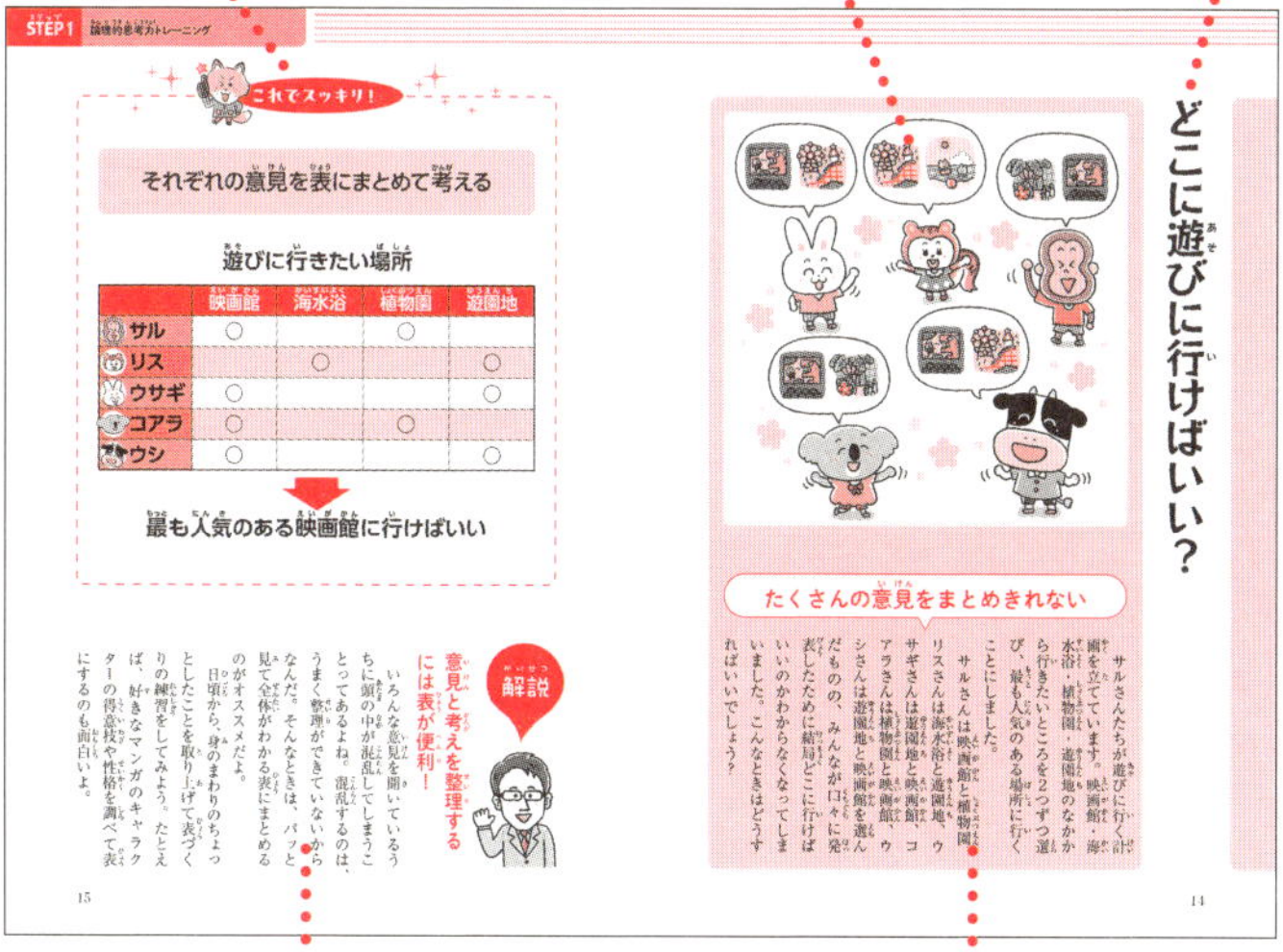

STEP1 論理的思考力トレーニング

どこに遊びに行けばいい？

たくさんの意見をまとめきれない

サルさんたちが遊びに行く計画を立てています。映画館・海水浴・植物園・遊園地のなかから行きたいところを2つずつ選び、最も人気のある場所に行くことにしました。

サルさんは映画館と植物園、リスさんは海水浴と遊園地、ウサギさんは遊園地と映画館、コアラさんは植物園と映画館、ウシさんは遊園地と映画館を選んだものの、みんなが口々に発表したために結局どこに行けばいいのかわからなくなってしまいました。こんなときはどうすればいいでしょう？

14

これでスッキリ！

それぞれの意見を表にまとめて考える

遊びに行きたい場所

	映画館	海水浴	植物園	遊園地
サル	○		○	
リス		○		○
ウサギ	○			○
コアラ	○		○	
ウシ	○			○

最も人気のある映画館に行けばいい

解説

意見と考えを整理するには表が便利！

いろんな意見を聞いているうちに頭の中が混乱してしまうことってあるよね。混乱するのは、うまく整理ができていないからなんだ。そんなときは、パッと見て全体がわかる表にまとめるのがオススメだよ。

日頃から、身のまわりのちょっとしたことを取り上げて表づくりの練習をしてみよう。たとえば、好きなマンガのキャラクターの得意技や性格を調べて表にするのも面白いよ。

15

解説《かいせつ》

考《かんが》え方《かた》の流《なが》れや論理的《ろんりてき》に考《かんが》えるために必要《ひつよう》なテクニックなどを解説《かいせつ》したよ。

問題《もんだい》

動物《どうぶつ》たちが直面《ちょくめん》した、ちょっとしたトラブルが書《か》いてあるよ。トラブルの原因《げんいん》や解決方法《かいけつほうほう》を一緒《いっしょ》に考《かんが》えてみよう。

どこに遊《あそ》びに行《い》けばいい？

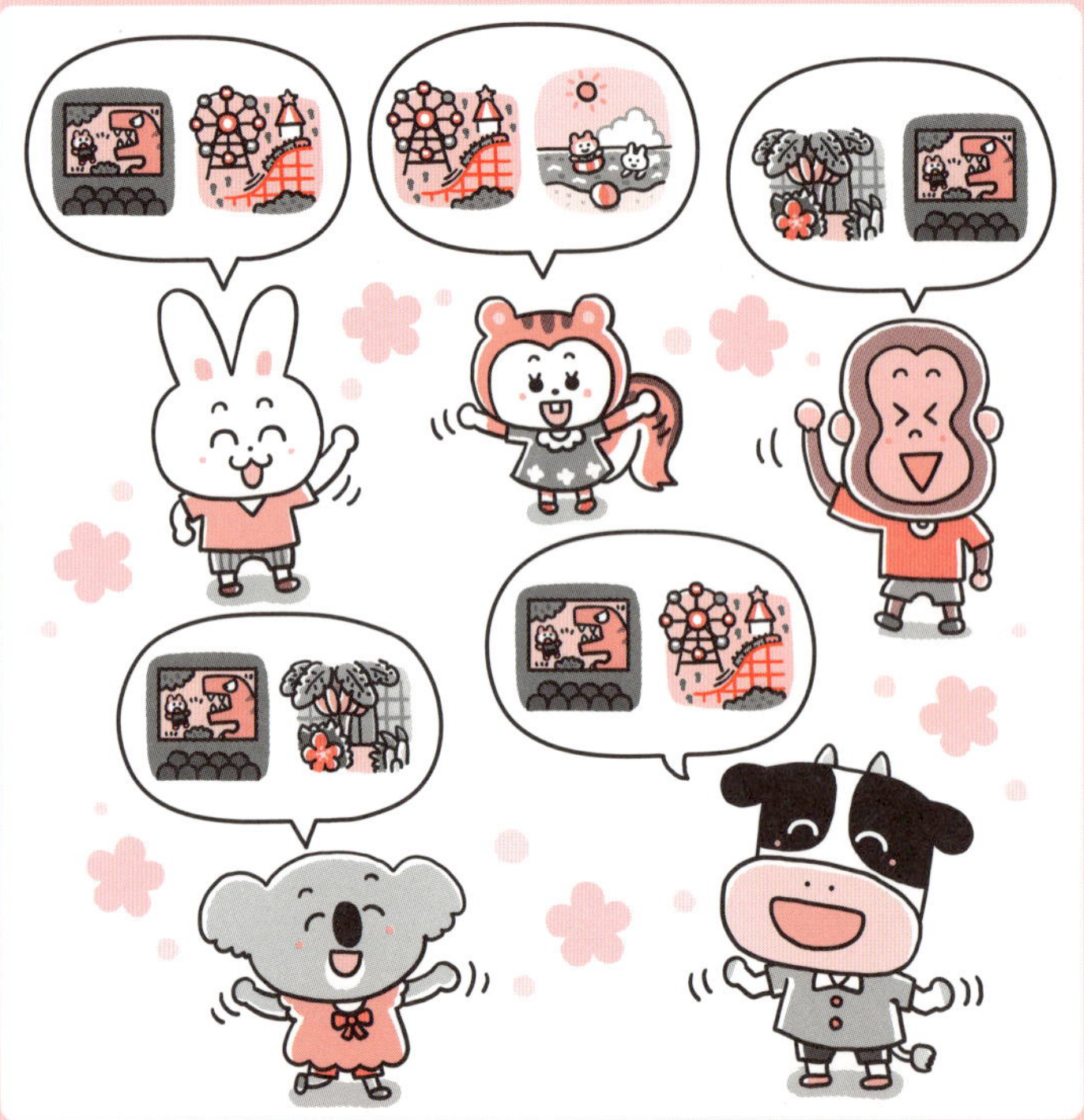

たくさんの意見《いけん》をまとめきれない

サルさんたちが遊《あそ》びに行《い》く計《けい》画《かく》を立《た》てています。映画館《えいがかん》・海《かい》水浴《すいよく》・植物園《しょくぶつえん》・遊園地《ゆうえんち》のなかから行《い》きたいところを2つずつ選《えら》び、最《もっと》も人気《にんき》のある場所《ばしょ》に行《い》くことにしました。

サルさんは映画館《えいがかん》と植物園《しょくぶつえん》、リスさんは海水浴《かいすいよく》と遊園地《ゆうえんち》、ウサギさんは遊園地《ゆうえんち》と映画館《えいがかん》、コアラさんは植物園《しょくぶつえん》と映画館《えいがかん》、ウシさんは遊園地《ゆうえんち》と映画館《えいがかん》を選《えら》んだものの、みんなが口々《くちぐち》に発《はっ》表《ぴょう》したために結局《けっきょく》どこに行《い》けばいいのかわからなくなってしまいました。こんなときはどうすればいいでしょう？

これでスッキリ！

それぞれの意見《いけん》を表《ひょう》にまとめて考《かんが》える

遊《あそ》びに行《い》きたい場所《ばしょ》

	映画館《えいがかん》	海水浴《かいすいよく》	植物園《しょくぶつえん》	遊園地《ゆうえんち》
サル	○		○	
リス		○		○
ウサギ	○			○
コアラ	○		○	
ウシ	○			○

最《もっと》も人気《にんき》のある映画館《えいがかん》に行《い》けばいい

解説《かいせつ》

意見《いけん》と考《かんが》えを整理《せいり》するには表《ひょう》が便利《べんり》！

いろんな意見《いけん》を聞《き》いているうちに頭《あたま》の中《なか》が混乱《こんらん》してしまうことってあるよね。混乱《こんらん》するのは、うまく整理《せいり》ができていないからなんだ。そんなときは、パッと見《み》て全体《ぜんたい》がわかる表《ひょう》にまとめるのがオススメだよ。

日頃《ひごろ》から、身《み》のまわりのちょっとしたことを取《と》り上《あ》げて表《ひょう》づくりの練習《れんしゅう》をしてみよう。たとえば、好《す》きなマンガのキャラクターの得意技《とくいわざ》や性格《せいかく》を調《しら》べて表《ひょう》にするのも面白《おもしろ》いよ。

円《まる》いケーキを3等分《とうぶん》しよう

みんなが同《おな》じになるように分《わ》けるには？

ウマさんときょうだいが学校《がっこう》から家《いえ》に帰《かえ》ると、テーブルの上《うえ》に円《まる》いケーキと1枚《まい》のメモがありました。メモにはお母《かあ》さんの字《じ》で「ケーキをもらったから食《た》べてね。仲良《なかよ》く平等《びょうどう》に分《わ》けること！」と書《か》いてあります。

ウマさんの弟《おとうと》は「まず半分《はんぶん》に切《き》って、さらに半分《はんぶん》に切《き》って1切《き》れずつ食《た》べる。残《のこ》りの1切《き》れはジャンケンで決《き》めよう」と言《い》い、妹《いもうと》は「上《うえ》から見《み》て同《おな》じ幅《はば》で3等分《とうぶん》すればいいのかな？」と言《い》っています。正《ただ》しく3等分《とうぶん》するには、どのように切《き》ればいいのでしょうか。

これでスッキリ!

ケーキを時計《とけい》に見立《みた》てて考《かんが》える

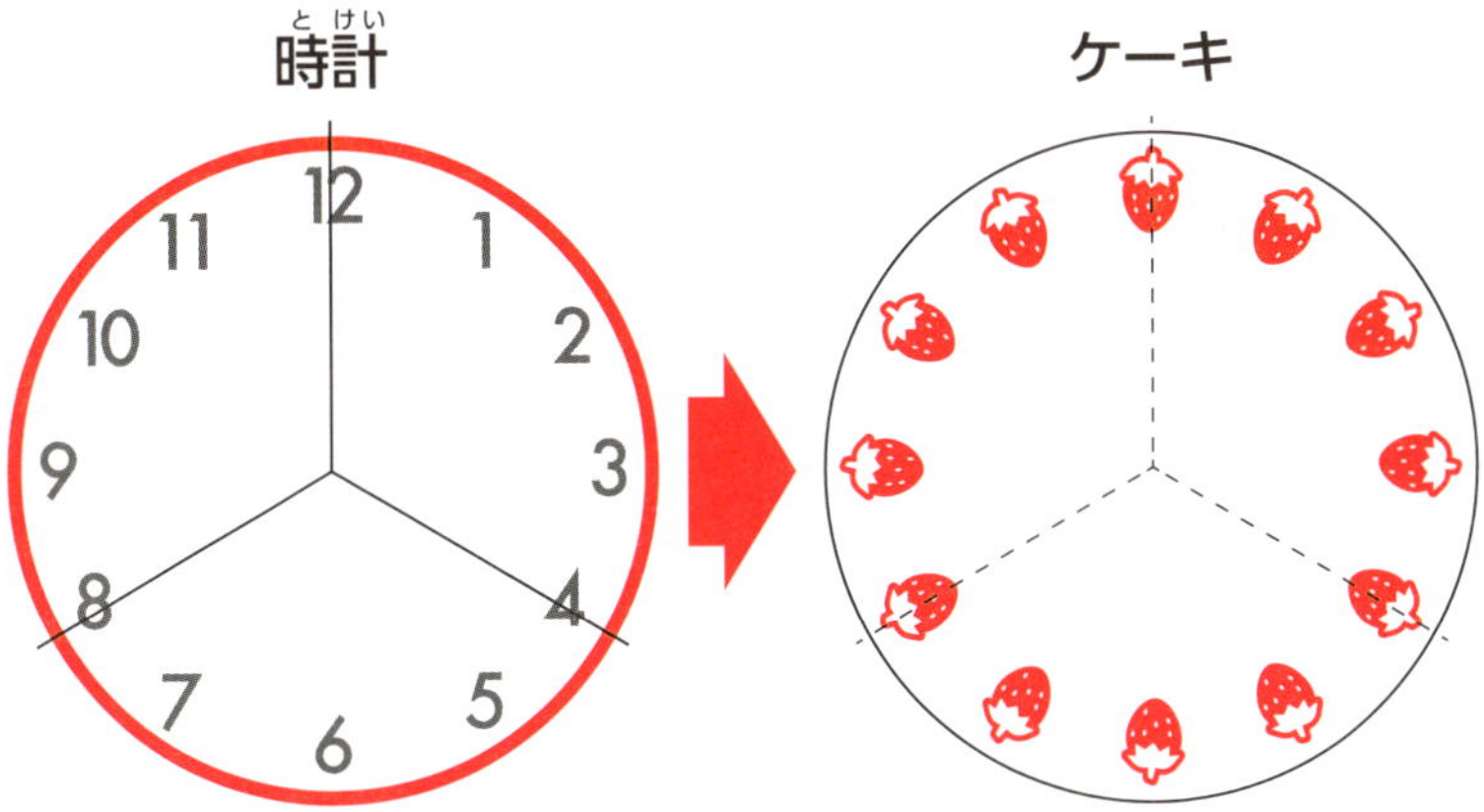

3で割《わ》ると
12時《じ》・4時《じ》・8時《じ》が
切《き》れ目《め》になる

解説《かいせつ》

12時間《じかん》を3で割《わ》れば切《き》れ目《め》の位置《いち》を導《みちび》ける

円《えん》はアナログ時計《どけい》と同《おな》じ形《かたち》だよね。12時間《じかん》を3で割《わ》ると4時《じ》間《かん》だから、12時《じ》と4時《じ》と8時《じ》のあたりに軽《かる》く印《しるし》をつけ、みんなで確認《かくにん》しながら切《き》ればいい。切《き》った人《ひと》が最後《さいご》に選《えら》べば、より公平《こうへい》になるよ。

ウマさんの弟《おとうと》のアイデアも途《と》中《ちゅう》までは悪《わる》くない。残《のこ》った4分《ぶん》の1切《き》れをさらに3等分《とうぶん》して分《わ》け合《あ》うという方法《ほうほう》もあるよね。

ほかにもやり方《かた》がないか、キミも考《かんが》えてみてね。

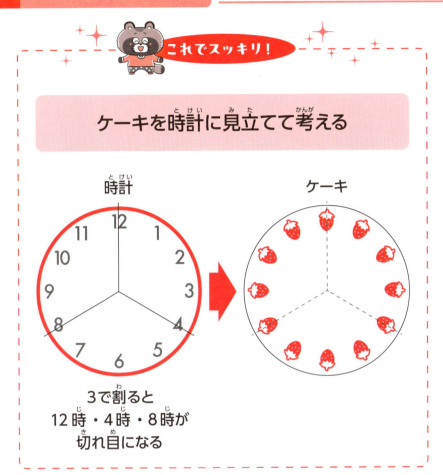

パンをより早《はや》く焼《や》き上《あ》げるには？

3枚《まい》のパンの両面《りょうめん》をなるべく早《はや》く焼《や》く

ヒツジさんの家《いえ》には、2枚《まい》の食《しょく》パンを並《なら》べて焼《や》けるトースターがあります。このトースターがパンの片面《かためん》を焼《や》くのに必要《ひつよう》な時間《じかん》は1分《ぷん》です。ヒツジさん一家《いっか》はいつも「お父《とう》さんとお母《かあ》さんのパンの表《おもて》と裏《うら》を焼《や》いて取《と》り出《だ》し、ヒツジさんのパンの表《おもて》と裏《うら》を焼《や》いて取《と》り出《だ》す」という手順《てじゅん》でパンを用意《ようい》するので、焼《や》き終《お》わるまで4分《ぷん》かかります。

この話《はなし》をイヌさんにしたところ、「もっと早《はや》く焼《や》き上《あ》がる方《ほう》法《ほう》があるよ！」とニコニコ顔《がお》。それはいったいどんな方法《ほうほう》でしょう？

これでスッキリ！

「常《つね》に2枚《まい》のパンを焼《や》いている」状態《じょうたい》にする

ヒツジさん一家《いっか》の方法《ほうほう》

	お父《とう》さんのパン	お母《かあ》さんのパン
1分《ぷん》	表《おもて》	表《おもて》
2分《ふん》	裏《うら》	裏《うら》

	ヒツジさんのパン
3分《ぷん》	表《おもて》
4分《ぷん》	裏《うら》

イヌさんの方法《ほうほう》

	お父《とう》さんのパン	お母《かあ》さんのパン
1分《ぷん》	表《おもて》	表《おもて》

	お母《かあ》さんのパン	ヒツジさんのパン
2分《ふん》	裏《うら》	表《おもて》

	ヒツジさんのパン	お父《とう》さんのパン
3分《ぷん》	裏《うら》	裏《うら》

解説《かいせつ》

無駄《むだ》な時間《じかん》がないか考《かんが》えてみよう

せっかく2枚《まい》のパンが焼《や》けるトースターなのに、ヒツジさん一家《いっか》の方法《ほうほう》では1枚《まい》のパンしか焼《や》いていない時間《じかん》が2分《ふん》もあるよね。常《つね》に2枚《まい》のパンを焼《や》くようにすれば、「より早《はや》くパンを焼《や》き上《あ》げる」という問題《もんだい》を解決《かいけつ》できるはずだよ。

紙《かみ》に書《か》いたり、3枚《まい》の紙《かみ》をパンに見立《みた》てたりして考《かんが》えてみよう。あらゆる可能性《かのうせい》を考《かんが》え、なるべく無駄《むだ》のない筋道《すじみち》を見《み》つけることが論理的思考《ろんりてきしこう》の基本《きほん》なんだ。

本当《ほんとう》のことを言《い》っているのは誰《だれ》だ

ウソを言《い》っている２人《ふたり》を見抜《みぬ》け

　クマさんに、サルさんとモモンガさんとネコさんがクイズを出《だ》しています。どうやら、いちばん木登《きのぼ》りの速《はや》い動物《どうぶつ》だけが本《ほん》当《とう》のことを言《い》い、残《のこ》りの２人《ふたり》の動物《どうぶつ》はウソをつくようです。

　サルさんは「いちばん速《はや》いのはモモンガさんじゃないよ」と言《い》いました。モモンガさんは「いちばん速《はや》いのはネコさんじゃないよ」と言《い》い、ネコさんは「私《わたし》がいちばん速《はや》い」と言《い》いました。本当《ほんとう》にいちばん速《はや》く木登《きのぼ》りができるのは誰《だれ》なのか、クマさんと一緒《いっしょ》に考《かんが》えてみましょう。

これでスッキリ！

「もし仮《かり》に○○とすると」と考《かんが》えて、**本当《ほんとう》のことを言《い》っている動物《どうぶつ》が1人《ひとり》・ウソつきが2人《ふたり》**になっていれば良《よ》い

	もし仮《かり》に「サルさんがいちばん速《はや》い」とすると	もし仮《かり》に「モモンガさんがいちばん速《はや》い」とすると	もし仮《かり》に「ネコさんがいちばん速《はや》い」とすると
サルさん「いちばん速《はや》いのはモモンガさんじゃないよ」	○ 本当《ほんとう》	× ウソ	○ 本当《ほんとう》
モモンガさん「いちばん速《はや》いのはネコさんじゃないよ」	○ 本当《ほんとう》	○ 本当《ほんとう》	× ウソ
ネコさん「私《わたし》がいちばん速《はや》い」	× ウソ	× ウソ	○ 本当《ほんとう》
	↓（本当《ほんとう》2人《ふたり》・ウソつき1人《ひとり》）つじつまが合《あ》わない	↓（本当《ほんとう》1人《ひとり》・ウソつき2人《ふたり》）つじつまが合《あ》う	↓（本当《ほんとう》2人《ふたり》・ウソつき1人《ひとり》）つじつまが合《あ》わない

解説《かいせつ》

矛盾《むじゅん》の起《お》きない答《こた》えが正《ただ》しい答《こた》え

これは、つじつまが合《あ》わないことを意味《いみ》する「矛盾《むじゅん》」を見《み》つけ出《だ》す問題《もんだい》だね。この問題《もんだい》では「本当《ほんとう》のことを言《い》っているのは1人《ひとり》しかいない」という点《てん》に注目《ちゅうもく》しよう。「もし仮《かり》に」と順番《じゅんばん》に考《かんが》えていくと、上《うえ》の表《ひょう》のようになる。サルさんやネコさんがいちばん速《はや》いと考《かんが》えると矛盾《むじゅん》が生《う》まれるんだ。「もし仮《かり》に」と考《かんが》え、矛盾《むじゅん》がないかどうかを確《たし》かめながら結論《けつろん》を導《みちび》き出《だ》す方法《ほうほう》は、推理小説《すいりしょうせつ》にも登場《とうじょう》するよ。

ややこしい計算《けいさん》を簡単《かんたん》にする方法《ほうほう》①

答《こた》えは１つ、式《しき》はたくさん

ヤギさんが弟《おとうと》や妹《いもうと》と一緒《いっしょ》に買《か》い物《もの》をしています。３人《にん》は相談《そうだん》して、お釣《つ》りの２６５円《えん》でおやつを買《か》うことにしました。

「ワゴンの中《なか》のお菓子《かし》は１つ78円《えん》だって。それぞれが好《す》きなものを選《えら》ぼうよ」と弟《おとうと》が提案《ていあん》してきました。「でもお金《かね》が足《た》りるかな。３人分《にんぶん》だと78＋78＋78……」と言《い》いながら妹《いもうと》が計算《けいさん》を始《はじ》めると、弟《おとうと》が「いや、かけ算《ざん》だよ。78×３だから……」と計算《けいさん》を始《はじ》めました。でも、ヤギさんはとっくに答《こた》えが出《で》ている様子《ようす》。どんな式《しき》を立《た》てて素早《すばや》く計算《けいさん》したのでしょう？

これでスッキリ！

「78円《えん》」ではなく、
計算《けいさん》しやすい「80円《えん》」で考《かんが》える

計算《けいさん》手順《てじゅん》その1

80 × 3 ＝ 240
(78円《えん》＋**2円《えん》**)(人分《にんぶん》)　(円《えん》)

計算《けいさん》手順《てじゅん》その2

240 － 6 ＝ 234
(円《えん》)(**2円《えん》**× 3人分《にんぶん》)(円《えん》)

解説《かいせつ》

キリの良《よ》い数字《すうじ》にして計算《けいさん》する

人類《じんるい》は手間《てま》のかかる作業《さぎょう》を「もっと簡単《かんたん》にしたい」と考《かんが》え、進歩《しんぽ》してきたんだよ。算数《さんすう》も同《おな》じで、簡単《かんたん》な計算方法《けいさんほうほう》を考《かんが》えるのが基本《きほん》なんだ。シンプルな計《けい》算《さん》はミスが起《お》きにくく、正確《せいかく》な答《こた》えが出《で》やすいからね。

ヤギさんも78円《えん》ではなく、キリの良《よ》い80円《えん》で考《かんが》えたから暗算《あんざん》で素早《すばや》く計算《けいさん》できたんだ。少《すこ》しの工夫《くふう》で計算《けいさん》を簡単《かんたん》にできないか、日頃《ひごろ》から考《かんが》える習慣《しゅうかん》をつけてみよう。

ややこしい計算《けいさん》を簡単《かんたん》にする方法《ほうほう》②

5で割《わ》る計算《けいさん》のコツって？

　ネズミさんが入《はい》っている料理《りょうり》クラブのメンバーは5人《にん》です。今日《きょう》はみんなでプリンを作《つく》っています。買《か》い物《もの》をしてくれたハムスターさんが「今日《きょう》の材料《ざいりょう》は牛乳《ぎゅうにゅう》と卵《たまご》と砂糖《さとう》で340円《えん》だったよ」と言《い》いました。料理《りょうり》をしながら「1人《ひとり》あたりいくらかな……」とみんなで考《かんが》えるものの、手《て》がふさがっているので筆算《ひっさん》ができません。

　ところがリスさんは「5で割《わ》る暗算《あんざん》のコツを知《し》っていたから計算《けいさん》できたよ！」と得意《とくい》そうです。リスさんはいったい、どんなコツを使《つか》ったのでしょう？

これでスッキリ！

5で割《わ》る計算《けいさん》のコツは、
2倍《ばい》してから10で割《わ》る

[そのまま5で割《わ》る]

$$340 \div 5 = 68$$

暗算《あんざん》はちょっと
ムズカシイ……

[2倍《ばい》してから10で割《わ》る]

$$340 \times 2 = 680$$

暗算《あんざん》できる！

$$680 \div 10 = 68$$

680の
0を取《と》るだけ！

解説《かいせつ》

コツを知《し》って暗算名人《あんざんめいじん》になろう

　大《おお》きな数《かず》を5で割《わ》るときには筆算《ひっさん》をしたくなっちゃうよね。でも、ちょっとした工夫《くふう》でグッと簡単《かんたん》になるんだ。リスさんも使《つか》ったその工夫《くふう》は「2倍《ばい》してから10で割《わ》る」だけ。上《うえ》のまとめを見《み》るとわかるけれど、そのまま5で割《わ》るよりも計算《けいさん》が楽《らく》だし間違《まちが》いも少《すく》なくなるんだ。

　ほかにも4で割《わ》るときは、「そのまま4で割《わ》る」よりも「2で2回割《かいわ》る」方《ほう》が簡単《かんたん》に答《こた》えを求《もと》めることができるよ。

お得《とく》なリンゴはどっち？

6個《こ》で420円《えん》と4個《こ》で320円《えん》

ゴリラさんはお母《かあ》さんにお使《つか》いを頼《たの》まれて、スーパーマーケットに行《い》きました。お母《かあ》さんからは「お得《とく》なリンゴを買《か》ってきてね」と言《い》われています。

くだもの売《う》り場《ば》には「６個《こ》で４２０円《えん》のリンゴ」と「４個《こ》で３２０円《えん》のリンゴ」が売《う》られていました。「お得《とく》は安《やす》いってことだから、きっとこっちだね」と言《い》いながら、ゴリラさんは「４個《こ》で３２０円《えん》のリンゴ」を手《て》に取《と》りました。

ゴリラさんが選《えら》んだリンゴの方《ほう》が、本当《ほんとう》に「お得《とく》」といえるでしょうか。

これでスッキリ！

全体《ぜんたい》の値段《ねだん》ではなく、1個《こ》あたりの値段《ねだん》で考《かんが》える

＝

単価《たんか》

6個《こ》で420円《えん》

420 ÷ 6= 70

1個《こ》　70円《えん》

4個《こ》で320円《えん》

320 ÷ 4= 80

1個《こ》　80円《えん》

解説《かいせつ》

1つあたりの値段《ねだん》である「単価《たんか》」に注目《ちゅうもく》！

「お得《とく》＝安《やす》い」というゴリラさんの考《かんが》えは間違《まちが》ってはいないけれど、全体《ぜんたい》の値段《ねだん》で判断《はんだん》してしまったのが惜《お》しいところだね。買《か》い物《もの》で大切《たいせつ》なのは「商品《しょうひん》の1つあたりの値段《ねだん》」で、これを「単価《たんか》」と呼《よ》ぶよ。上《うえ》にまとめたように、単価《たんか》で考《かんが》えると「6個《こ》で420円《えん》のリンゴ」の方《ほう》がお得《とく》といえるね。キミもお使《つか》いを頼《たの》まれたときには、単価《たんか》に気《き》を付《つ》けながら買《か》い物《もの》をしてみよう。

ツルは何羽《なんわ》？　カメは何匹《なんびき》？

えーと
ぼくの足《あし》は
2本《ほん》で…
ぼくは
前《まえ》と後《うし》ろ
合《あ》わせて
4本《ほん》だ！
だから…
亀
鶴
"つるかめ算《ざん》"
5匹《ひき》・14本《ほん》
それぞれ何匹《なんびき》(羽《わ》)
いるでしょう？

足《あし》の数《かず》をもとに答《こた》えを導《みちび》く

ツルさんとカメさんがおしゃべりをしていると、カバさんが「塾《じゅく》でツルさんとカメさんが出《で》てくる問題《もんだい》を習《なら》ったよ。〝つるかめ算《ざん》〟っていうんだって」と話《はな》しかけてきました。ツルさんとカメさんは「知《し》らない！」「どんな問題《もんだい》か教《おし》えて！」と気《き》になる様子《ようす》。するとカバさんが「ツルとカメが合《あ》わせて5匹《ひき》（羽《わ》）います。足《あし》の合計《ごうけい》は14本《ほん》です。ツルとカメは、それぞれ何匹《なんびき》（羽《わ》）いるでしょう？」と、つるかめ算《ざん》を出《だ》してくれました。ツルさんとカメさんと一緒《いっしょ》に答《こた》えを考《かんが》えてみましょう。

これでスッキリ！

「仮《かり》に全部《ぜんぶ》がツルだったら」と考《かんが》える

全部《ぜんぶ》で5匹《ひき》（羽《わ》）

足《あし》の数《かず》は14本《ほん》

〈ツルの足《あし》は全部《ぜんぶ》で10本《ぽん》だから、足《あし》の数《かず》が**4本《ほん》**足《た》りない〉

↓

ツルが3羽《わ》、カメが2匹《ひき》でつじつまが合《あ》う

解説《かいせつ》

論理的《ろんりてき》に考《かんが》える力《ちから》が必要《ひつよう》とされる問題《もんだい》

つるかめ算《ざん》は中学校《ちゅうがっこう》の入学試《にゅうがくし》験《けん》にも登場《とうじょう》する有名《ゆうめい》な問題《もんだい》だよ。答《こた》えを導《みちび》き出《だ》すには、論理的《ろんりてき》な考《かんが》え方《かた》が必要《ひつよう》なんだ。問題《もんだい》を解《と》くコツは「仮《かり》に全部《ぜんぶ》がツルだったら」と考《かんが》えること。上《うえ》にまとめてあるから、参考《さんこう》にしてね。もちろん「仮《かり》に全部《ぜんぶ》がカメだったら」と考《かんが》えても解《と》けるから、紙《かみ》と鉛筆《えんぴつ》を用意《ようい》して挑戦《ちょうせん》してみよう。中学生《ちゅうがくせい》になると学《まな》ぶ「連《れん》立方程式《りっほうていしき》」でも解《と》くことができるよ。

偽物《にせもの》のコインを見抜《みぬ》け

えっ!?
2回《かい》で わかるよ!
軽《かる》い方《ほう》を分《わ》けて はかると…
1回《かい》
2回《かい》
3回《かい》

2回《かい》だけ上皿《うわざら》てんびんを使《つか》う

どうぶつ小学校《しょうがっこう》の3年生《ねんせい》が、上皿《うわざら》てんびんの仕組《しく》みや使《つか》い方《かた》を学習《がくしゅう》しています。ウサギ先生《せんせい》が袋《ふくろ》を配《くば》りながら・「袋《ふくろ》の中《なか》には8枚《まい》のコインが入《はい》っています。8枚《まい》のうち1枚《まい》だけが偽物《にせもの》の少《すこ》し軽《かる》いコインです。上皿《うわざら》てんびんを3回《かい》使《つか》って、偽物《にせもの》を見抜《みぬ》いてください」と言《い》いました。

それぞれがコインの重《おも》さをはかっていると、「2回《かい》しか使《つか》わなくてもわかるよ!」とオオカミさんが言《い》い出《だ》したので、みんなびっくり。オオカミさんは、どんな方法《ほうほう》を考《かんが》えたのでしょう?

これでスッキリ！

8枚《まい》のコインを 3枚《まい》・3枚《まい》・2枚《まい》に分《わ》けて考《かんが》える

①②③と④⑤⑥をはかる

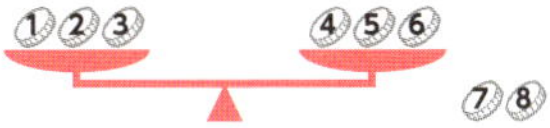

①②③が軽《かる》かったら

①と②を比《くら》べて、**軽《かる》い方《ほう》**が偽物《にせもの》

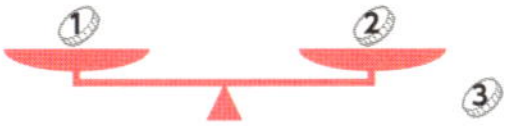

もしくは

①と②がつり合《あ》っているなら③が偽物《にせもの》（④⑤⑥の場合《ばあい》も同《おな》じ）

①②③と④⑤⑥がつり合《あ》っているなら

⑦と⑧の**軽《かる》い方《ほう》**が偽物《にせもの》

解説《かいせつ》

3つのグループに分《わ》けて考《かんが》える

上皿《うわざら》てんびんを3回使《かいつか》えるのならば、8枚《まい》を4枚《まい》ずつの2つのグループに分《わ》けてはかり（1回目《かいめ》）、軽《かる》い方《ほう》の4枚《まい》を2枚《まい》ずつに分《わ》けてはかり（2回目《かいめ》）、軽《かる》い方《ほう》の2枚《まい》を1枚《まい》ずつに分《わ》けてはかれば（3回目《かいめ》）偽物《にせもの》がわかるよね。でも、オオカミさんはコインを3つのグループに分《わ》けた。目《め》のつけどころが良《よ》かったね。偽物《にせもの》のコインを見抜《みぬ》く問題《もんだい》はほかにもたくさんあるから、ぜひ挑戦《ちょうせん》してみてね。

「よく当《あ》たる」宝《たから》くじ売《う》り場《ば》はあるの？

この売《う》り場《ば》から1等《とう》が出《で》ました！

今日《きょう》は日曜日《にちようび》。ペンギンさん一家《いっか》はデパートに買《か》い物《もの》に行《い》くことにしました。デパートの入《い》り口《ぐち》の近《ちか》くには、宝《たから》くじ売《う》り場《ば》があります。お父《とう》さんが言《い》うには、「よく当《あ》たる」と評判《ひょうばん》の売《う》り場《ば》なのだそうです。売《う》り場《ば》の看板《かんばん》には「5年連続《ねんれんぞく》！　1等《とう》3億円《おくえん》の当選《とうせん》が出《で》ました！」と大《おお》きく書《か》いてあります。それを見《み》たお父《とう》さんは「せっかくだから買《か》ってみるか」と財布《さいふ》を取《と》り出《だ》そうとしています。ペンギンさんは不安《ふあん》そう。本当《ほんとう》に「よく当《あ》たる」売《う》り場《ば》はあるのでしょうか？

これでスッキリ！

宝《たから》くじの当選確率《とうせんかくりつ》は、どの売《う》り場《ば》でも同《おな》じ

ではなぜ「よく当《あ》たる」売《う》り場《ば》があるのか、

当選確率《とうせんかくりつ》が$\frac{1}{10}$（10枚《まい》に1枚《まい》が当《あ》たり）の宝《たから》くじで考《かんが》えてみる

100枚販売《まいはんばい》した売《う》り場《ば》　　**10枚販売《まいはんばい》した売《う》り場《ば》**

あたり は10枚《まい》　　あたり は1枚《まい》

当《あ》たり枚数《まいすう》が多《おお》いと
「よく当《あ》たる」ように感《かん》じる

解説《かいせつ》

「よく当《あ》たる」のではなく「よく売《う》れる」

大勢《おおぜい》の人《ひと》が宝《たから》くじ売《う》り場《ば》に並《なら》んでいるニュースを見《み》たことがあるかな。せっかくなら「よく当《あ》たる売《う》り場《ば》」で宝《たから》くじを買《か》いたいと思《おも》う人《ひと》が多《おお》いんだね。でも、宝《たから》くじ自体《じたい》の当選確率《とうせんかくりつ》はどの売《う》り場《ば》で買《か》っても変《か》わらないんだ。上《うえ》にあるように、販売《はんばい》した宝《たから》くじの枚数《まいすう》が多《おお》ければ多《おお》いほど、当《あ》たりくじも多《おお》くなる。これが「よく当《あ》たる」のからくりで、本来《ほんらい》は「よく売《う》れる」宝《たから》くじ売《う》り場《ば》なんだよね。

売《う》れ残《のこ》ったお菓子《かし》は何個《なんこ》だろう

縦《たて》3列《れつ》・横《よこ》3列《れつ》・高《たか》さ3段《だん》

クマさんのおじさんはパティシエです。クマさんがおじさんのお店《みせ》に遊《あそ》びに行《い》くと、ちょうど閉店《へいてん》の準備《じゅんび》をしているところでした。

「今日《きょう》はもう、おしまいなんだね。なにか手伝《てつだ》おうか？」とクマさんが聞《き》くと、おじさんから「売《う》れ残《のこ》ったクッキーボックスの数《かず》を教《おし》えてもらえるかな。ボックスは縦《たて》3列《れつ》・横《よこ》3列《れつ》で並《なら》べ、高《たか》さを3段《だん》にして飾《かざ》っておいたんだ」と頼《たの》まれました。クマさんは残《のこ》っている箱《はこ》を数《かぞ》えているようですが、もっと早《はや》く数《かぞ》える方法《ほうほう》を考《かんが》えてみましょう。

これでスッキリ！

ある箱《はこ》とない箱《はこ》の「少《すく》ない方《ほう》」を数《かぞ》える

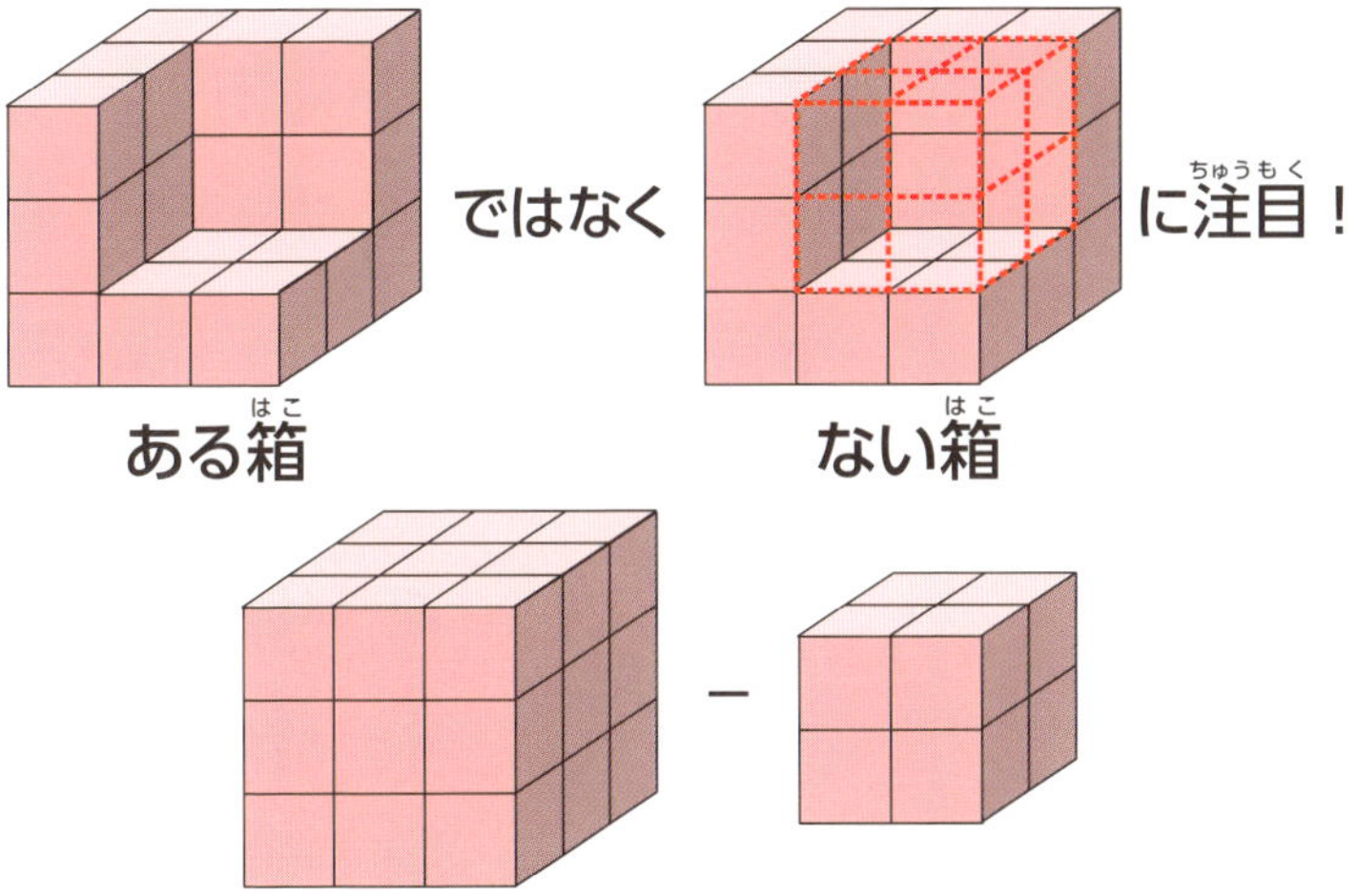

ではなく
に注目《ちゅうもく》！
ある箱《はこ》
ない箱《はこ》
−
3×3×3
2×2×2

27個《こ》−8個《こ》=19個《こ》

解説《かいせつ》

より手間《てま》のかからない方法《ほうほう》を選《えら》ぼう

残《のこ》っている箱《はこ》と売《う》れた箱《はこ》を比《くら》べて「少《すく》ない方《ほう》」を数《かぞ》えるのがポイントだよ。残《のこ》っている箱《はこ》が多《おお》いなら売《う》れた箱《はこ》を数《かぞ》え、もともとあった27個《こ》から引《ひ》けばいい。たくさんの箱《はこ》を数《かぞ》えるのは手間《てま》がかかるけれど、引《ひ》き算《ざん》はすぐにできるからね。残《のこ》った箱《はこ》が少《すく》ないなら、そのまま数《かぞ》えれば解決《かいけつ》だ。数《かぞ》えやすいようにクッキーボックスを積《つ》んでいたおじさんは、論理的思考《ろんりてきしこう》の名人《めいじん》なのかもしれないね。

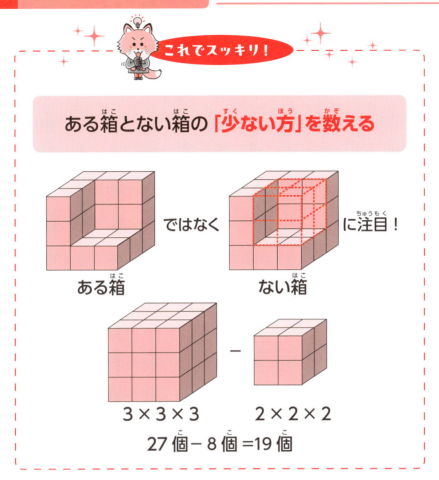

トーナメント戦《せん》の試合数《しあいすう》は一瞬《いっしゅん》でわかる

16 チームが参加《さんか》する場合《ばあい》の試合数《しあいすう》は？

どうぶつラグビーワールドカップに日本代表《にほんだいひょう》が出場《しゅつじょう》します。出場国《しゅつじょうこく》は全部《ぜんぶ》で16か国《こく》。いずれも強豪《きょうごう》ぞろいです。

ラグビーが好《す》きで大会《たいかい》を楽《たの》しみにしているジャッカルさんに、イノシシさんが「全試合《ぜんしあい》をインターネットで中継《ちゅうけい》するらしいよ」と教《おし》えてくれました。ジャッカルさんは全部《ぜんぶ》で何試合《なんしあい》が行《おこな》われるのか数《かぞ》えてみたくなり、トーナメント表《ひょう》を書《か》き始《はじ》めました。それを見《み》たイノシシさんが「表《ひょう》を書《か》かなくても試合数《しあいすう》がわかるよ！」と言《い》っています。キミは何試合《なんしあい》かわかりますか？

これでスッキリ！

参加《さんか》チーム数《すう》から1を引《ひ》いた数《かず》が試合数《しあいすう》

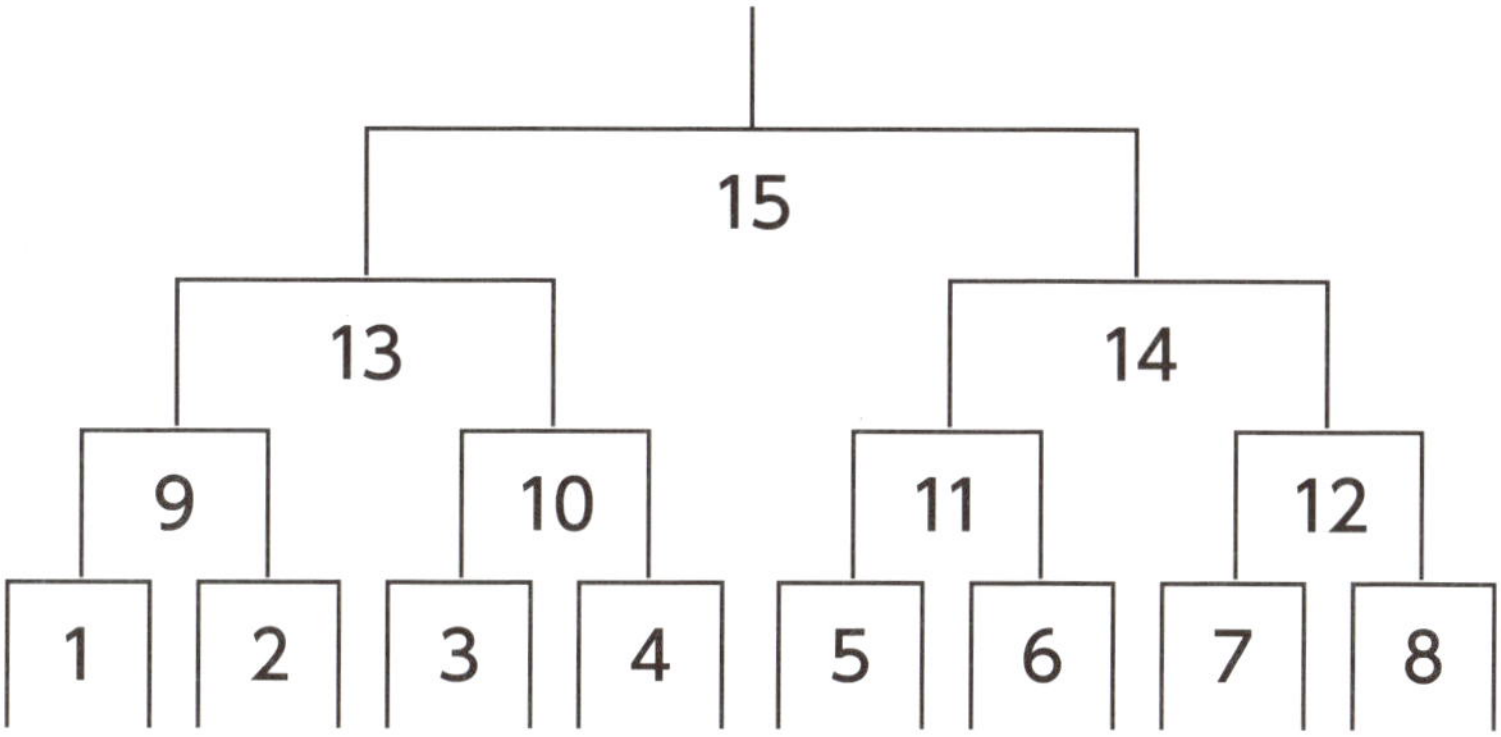

◎1試合《しあい》につき負《ま》けるチームは1チーム

→試合数《しあいすう》＝負《ま》けるチームの数《かず》（優勝《ゆうしょう》チームは負《ま》けない）

16チームのトーナメント戦《せん》なら試合数《しあいすう》は15試合《しあい》

解説《かいせつ》

負《ま》けるチームに注目《ちゅうもく》して考《かんが》える

1試合《しあい》ごとに敗者《はいしゃ》を除《のぞ》いていき、最後《さいご》まで勝《か》ち残《のこ》ったチームや人《ひと》を優勝者《ゆうしょうしゃ》とする試合形式《しあいけいしき》がトーナメント戦《せん》だよ。トーナメント表《ひょう》を書《か》かずに試合数《しあいすう》を出《だ》すためには「1試合《しあい》につき負《ま》けるチームが1つ出《で》る」ことに注目《ちゅうもく》しよう。つまり、1度《ど》も負《ま》けなかった優勝《ゆうしょう》チーム以外《いがい》のチーム数《すう》とすべての試合数《しあいすう》が同《おな》じになるんだ。ただしこれは、3位《い》決定戦《けっていせん》や敗者復活戦《はいしゃふっかつせん》などを行《おこな》わない場合《ばあい》に限《かぎ》るよ。

発見《はっけん》！　迷路《めいろ》の必勝法《ひっしょうほう》

ゴールがわからない！

サルさんとイヌさんが巨大迷《きょだいめい》路《ろ》に挑戦《ちょうせん》しています。一緒《いっしょ》にスタートしたものの、いつの間《ま》にかはぐれてしまいました。先《さき》にゴールに到着《とうちゃく》したサルさんがイヌさんに電話《でんわ》をすると、「もうゴールしたの？　じゃあ、道《みち》順《じゅん》を教《おし》えて」と頼《たの》まれました。サルさんが教《おし》えようとしますが、なかなかうまく伝《つた》わりません。同《おな》じ道《みち》を何度《なんど》も行《い》き来《き》するうちに、イヌさんはへとへとになってしまいました。

どうすればイヌさんは、確実《かくじつ》に迷路《めいろ》から脱出《だっしゅつ》できるでしょうか？

これでスッキリ！

片側《かたがわ》の壁《かべ》に手《て》を触《ふ》れたまま進《すす》む

→ 右側《みぎがわ》の壁沿《かべぞ》いに進《すす》むルート
- - -> 左側《ひだりがわ》の壁沿《かべぞ》いに進《すす》むルート

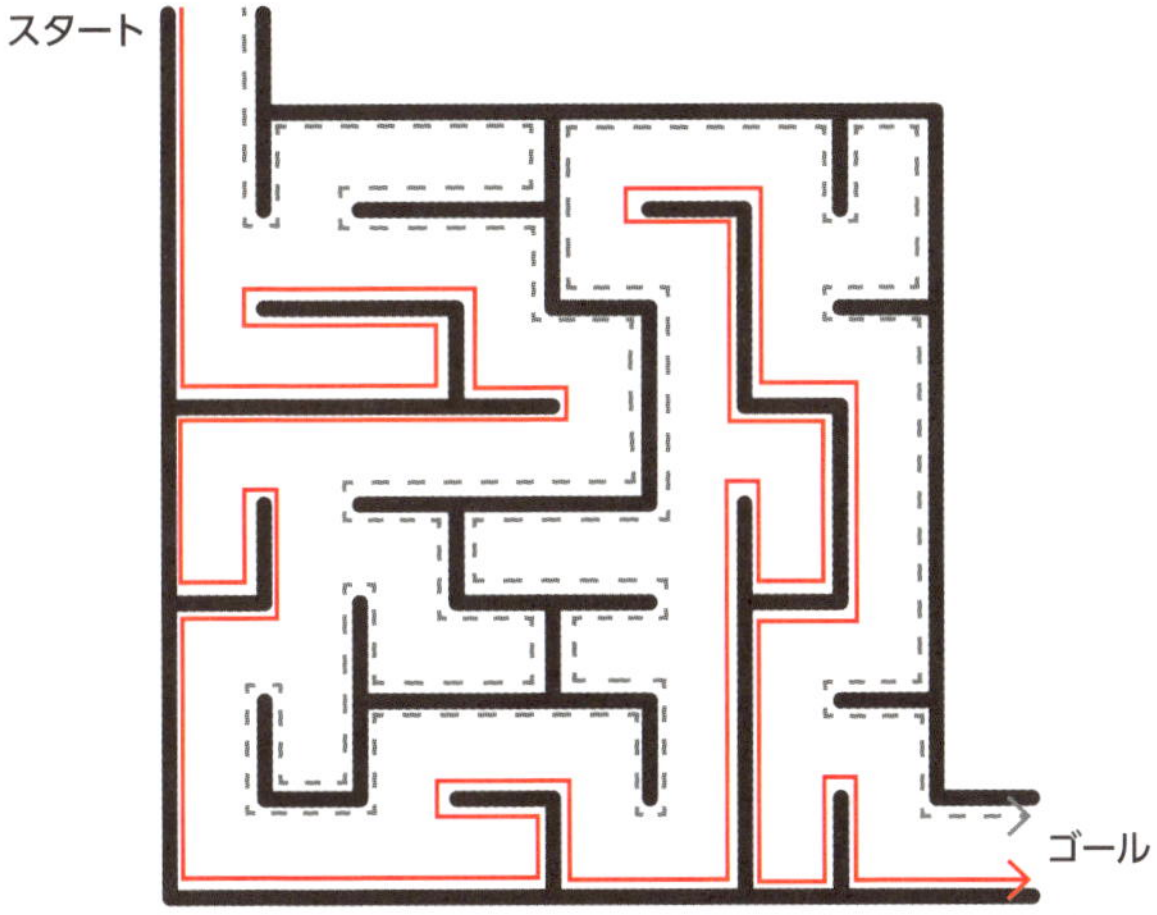

※確実《かくじつ》に脱出《だっしゅつ》できるが最短《さいたん》ルートではない

解説《かいせつ》

右側《みぎがわ》でも左側《ひだりがわ》でもOK《オーケー》 壁沿《かべぞ》いにひたすら進《すす》もう

巨大迷路《きょだいめいろ》に挑戦《ちょうせん》したいけれど、迷子《まいご》になって出《で》られなかったらどうしよう……という心配《しんぱい》はご無用《むよう》。どんなに複雑《ふくざつ》な迷路《めいろ》でも、きちんと通《とお》り抜《ぬ》けられるようになっているのであれば、右側《みぎがわ》もしくは左側《ひだりがわ》の壁《かべ》に触《ふ》れたまま進《すす》むことで確実《かくじつ》に脱出《だっしゅつ》できるんだ。ただし、途中《とちゅう》に落《お》とし穴《あな》などの進《すす》んではいけない仕掛《しか》けがあったり、ゴールが迷路《めいろ》の内部《ないぶ》に存《そん》在《ざい》したりするような場合《ばあい》は使《つか》えないよ。

「今《いま》まで○○だったから」は正《ただ》しい？

選挙《せんきょ》の演説《えんぜつ》に納得《なっとく》できない

どうぶつ国《こく》の大統領《だいとうりょう》を決《き》める選挙《せんきょ》が近《ちか》づいてきました。候補《こうほ》者《しゃ》はオオカミさんとヒツジさんで、接戦《せっせん》が予想《よそう》されています。

ウサギさんがテレビを見《み》ていると、オオカミさんの演説《えんぜつ》が映《うつ》し出《だ》されました。「今《いま》まで、どうぶつ国《こく》の大統領《だいとうりょう》は肉食獣《にくしょくじゅう》が務《つと》めてきました。だからこれからも、私《わたし》をはじめとする肉食《にくしょく》獣《じゅう》が大統領《だいとうりょう》になるべきなのです」と話《はな》しています。それを聞《き》いたウサギさんは「なんか変《へん》だぞ」と思《おも》いました。ウサギさんの「変《へん》だぞ」の原因《げんいん》を考《かんが》えてみましょう。

ここがモヤモヤ

今《いま》まで○○だから
これからも
○○するべきだ

これでスッキリ！

「今《いま》までそうだった」
＝
「正《ただ》しい」
とは限《かぎ》らない！

解説《かいせつ》

意見《いけん》の根拠《こんきょ》をチェックしよう

「根拠《こんきょ》」という言葉《ことば》を知《し》っているかな。意見《いけん》や行動《こうどう》のよりどころとなるものだよ。オオカミさんの意見《いけん》の根拠《こんきょ》は「今《いま》まで大《だい》統領《とうりょう》は肉食獣《にくしょくじゅう》が務《つと》めてきたから、これからもそうすべき」だけれど、正《ただ》しいとはいえない。肉食《にくしょく》獣《じゅう》が大統領《だいとうりょう》だったことは事実《じじつ》でも、これからもそうすべきかはきちんと考《かんが》えなければいけないよね。誰《だれ》かの意見《いけん》を聞《き》くときは、根拠《こんきょ》が正《ただ》しいかどうかをチェックすることが大切《たいせつ》だよ。

「みんなが○○だから」は理由《りゆう》になる？

ドッジボールに誘《さそ》われたけれど……

ネコさんが登校《とうこう》すると、「今日《きょう》のお昼休《ひるやす》みはドッジボールで遊《あそ》ぼうよ！」とゾウさんに誘《さそ》われました。ネコさんは「ごめんね。今日《きょう》は図書室《としょしつ》で本《ほん》を読《よ》もうと思《おも》っているんだ」と断《ことわ》りましたが、ゾウさんはあきらめきれないようです。

「今日《きょう》はとても天気《てんき》がいいし、ほかのみんなが外《そと》で遊《あそ》ぶんだから、ネコさんも遊《あそ》ぶべきだよ」と言《い》っています。それを聞《き》いたネコさんは、なんだか納得《なっとく》がいきません。ゾウさんの意見《いけん》に納《なっ》得《とく》できない原因《げんいん》は、どこにあるのでしょう？

ここがモヤモヤ

みんなが○○だから キミも ○○するべきだ

これでスッキリ！

「みんながそうしているから」 ‖ 「自分《じぶん》にも当《あ》てはまる」 とは限《かぎ》らない！

解説《かいせつ》

それぞれの気持《きも》ちや意見《いけん》を大切《たいせつ》にしよう

「みんながそうしているから、同《おな》じようにしなくてはいけない」という雰囲気《ふんいき》になることって、確《たし》かにあるよね。でも、この考《かんが》え方《かた》は差別《さべつ》を生《う》み出《だ》す可能《かのう》性《せい》もあって少《すこ》し危険《きけん》なんだ。

お昼休《ひるやす》みの過《す》ごし方《かた》のように自由《じゆう》に選《えら》べるものであれば、それぞれの気持《きも》ちを大切《たいせつ》にした方《ほう》がいいよね。ただし、守《まも》らなくてはいけない交通《こうつう》ルールや学校《がっこう》の決《き》まりなどは別《べつ》。その区別《くべつ》はしっかりしようね。

ホップ、ステップ、ジャンプの三段論法《さんだんろんぽう》

寒《さむ》いから海《うみ》に泳《およ》ぎに行《い》きたい⁉

今日《きょう》は朝《あさ》から雪《ゆき》が降《ふ》っています。冬《ふゆ》が大好《だいす》きで、寒《さむ》ければ寒《さむ》いほど活発《かっぱつ》になるシロクマさんはとてもうれしそう。登校《とうこう》のタイミングが一緒《いっしょ》になったキリンさんにも、上機嫌《じょうきげん》で話《はな》しかけています。

「今日《きょう》は寒《さむ》いね。海《うみ》にでも行《い》って泳《およ》ぎたい気分《きぶん》だよ」とシロクマさんが言《い》うと、キリンさんは「そうなの？」とびっくり。キリンさんはシロクマさんの気《き》持《も》ちがわからないようです。どのように発言《はつげん》すれば、シロクマさんの気《き》持《も》ちがきちんと伝《つた》わるでしょうか。

これでスッキリ！

「今日《きょう》は寒《さむ》いね。
私《わたし》は寒《さむ》いほど活発《かっぱつ》になるんだ。
だから、海《うみ》にでも行《い》って泳《およ》ぎたい気分《きぶん》だよ」

三段論法《さんだんろんぽう》とは
2つの※前提《ぜんてい》から1つの結論《けつろん》を導《みちび》く考《かんが》え方《かた》

※物事《ものごと》が成《な》り立《た》つための条件《じょうけん》

たとえば

前提《ぜんてい》① すべての人間《にんげん》は死《し》ぬ → **前提《ぜんてい》②** ソクラテスは人間《にんげん》だ → **結論《けつろん》** だからソクラテスは死《し》ぬ

三段跳《さんだんと》びの

ホップ → ステップ → ジャンプ

解説《かいせつ》

三段論法《さんだんろんぽう》を意識《いしき》すると論理的《ろんりてき》な発言《はつげん》ができる

これは「三段論法《さんだんろんぽう》」と呼《よ》ばれる考《かんが》え方《かた》にまつわる問題《もんだい》だよ。三段論法《さんだんろんぽう》は2つの前提《ぜんてい》から1つの結論《けつろん》を導《みちび》く考《かんが》え方《かた》なんだ。陸《りく》上競技《じょうきょうぎ》の三段跳《さんだんと》びにたとえるならば、シロクマさんの発言《はつげん》は2段目《だんめ》の「ステップ」が抜《ぬ》けている状態《じょうたい》だから正《ただ》しく伝《つた》わらなかったんだね。相手《あいて》が知《し》っていると思《おも》いこんだり、あわてて前《ぜん》提《てい》を飛《と》ばしたりすると、話《はなし》の筋《すじ》道《みち》が通《とお》らなくなる場合《ばあい》があるから気《き》をつけよう。

どこが変《へん》かな？ 誤《あやま》った三段論法《さんだんろんぽう》

説得《せっとく》に挑戦《ちょうせん》してみたけれど

学校《がっこう》から帰《かえ》ってきたブタさんが自分《じぶん》の部屋《へや》でくつろいでいると、お父《とう》さんに「宿題《しゅくだい》をしなさい」と言《い》われました。気《き》が乗《の》らないブタさんは、三段論法《さんだんろんぽう》でお父《とう》さんを説得《せっとく》することにしました。２つの前提《ぜんてい》と１つの結論《けつろん》を意識《いしき》しながら「小学生《しょうがくせい》はみんな宿題《しゅくだい》をしたくないの。私《わたし》は小《しょう》学生《がくせい》。だから私《わたし》は宿題《しゅくだい》をしたくない！」と言《い》うと、お父《とう》さんに「三段論法《さんだんろんぽう》を使《つか》った説得《せっとく》かな？　でも、誤《あやま》った三段論法《さんだんろんぽう》になっているよ」と指摘《してき》されました。ブタさんの三段論法《さんだんろんぽう》は、どこが誤《あやま》っているのでしょう？

ここがモヤモヤ

1つ目《め》の前提《ぜんてい》が誤《あやま》っている

前提《ぜんてい》①		前提《ぜんてい》②		結論《けつろん》
小学生《しょうがくせい》はみんな宿題《しゅくだい》をしたくない	→	私《わたし》は小学生《しょうがくせい》	→	だから私《わたし》は宿題《しゅくだい》をしたくない
×誤《あやま》っている		○正《ただ》しい		×誤《あやま》っている

誤《あやま》った前提《ぜんてい》からは誤《あやま》った結論《けつろん》が導《みちび》かれる

解説《かいせつ》

誤《あやま》った三段論法《さんだんろんぽう》でだまされないために

正《ただ》しい三段論法《さんだんろんぽう》には、意見《いけん》や主張《しゅちょう》に説得力《せっとくりょく》をもたせるはたらきがあるよ。でも前提《ぜんてい》が誤《あやま》っていると、結論《けつろん》も誤《あやま》ったものになるんだ。ブタさんが言《い》った「小《しょう》学生《がくせい》はみんな宿題《しゅくだい》をしたくない」は決《き》めつけで、みんながそうだとは限《かぎ》らないよね。世《よ》の中《なか》には、思《おも》い通《どお》りに相手《あいて》を動《うご》かすために誤《あやま》った前提《ぜんてい》と結論《けつろん》の三段《さんだん》論法《ろんぽう》を使《つか》う人《ひと》がいる。だまされないためには、相手《あいて》の論理《ろんり》が正《ただ》しいか考《かんが》えることが大事《だいじ》だよ。

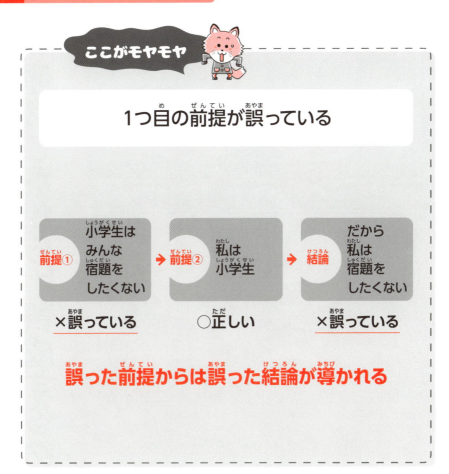

「仲良《なかよ》しだから」賛成《さんせい》するの？

どちらに賛成《さんせい》するか迷《まよ》っちゃう

　どうぶつ小学校《しょうがっこう》の4年生《ねんせい》が、発表会《はっぴょうかい》で行《おこな》う劇《げき》を決《き》めています。イヌさんが意見《いけん》を出《だ》した「フランダースの犬《いぬ》」か、ネコさんが意見《いけん》を出《だ》した「長靴《ながぐつ》をはいた猫《ねこ》」のどちらかになりそうです。

　ヒョウさんが「『フランダースの犬《いぬ》』かな」と考《かんが》えていると、「仲良《なかよ》しのネコさんに賛成《さんせい》しよう」とライオンさんが話《はな》しかけてきました。それを聞《き》いたヒョウさんは、どちらに賛成《さんせい》するか迷《まよ》っているようです。

　ヒョウさんがスッキリと自分《じぶん》の意見《いけん》を決《き》めるには、どうすればいいでしょうか。

これでスッキリ！

「発言《はつげん》した人《ひと》への気持《きも》ち」と「賛成《さんせい》・反対《はんたい》」は切《き》り離《はな》して考《かんが》える

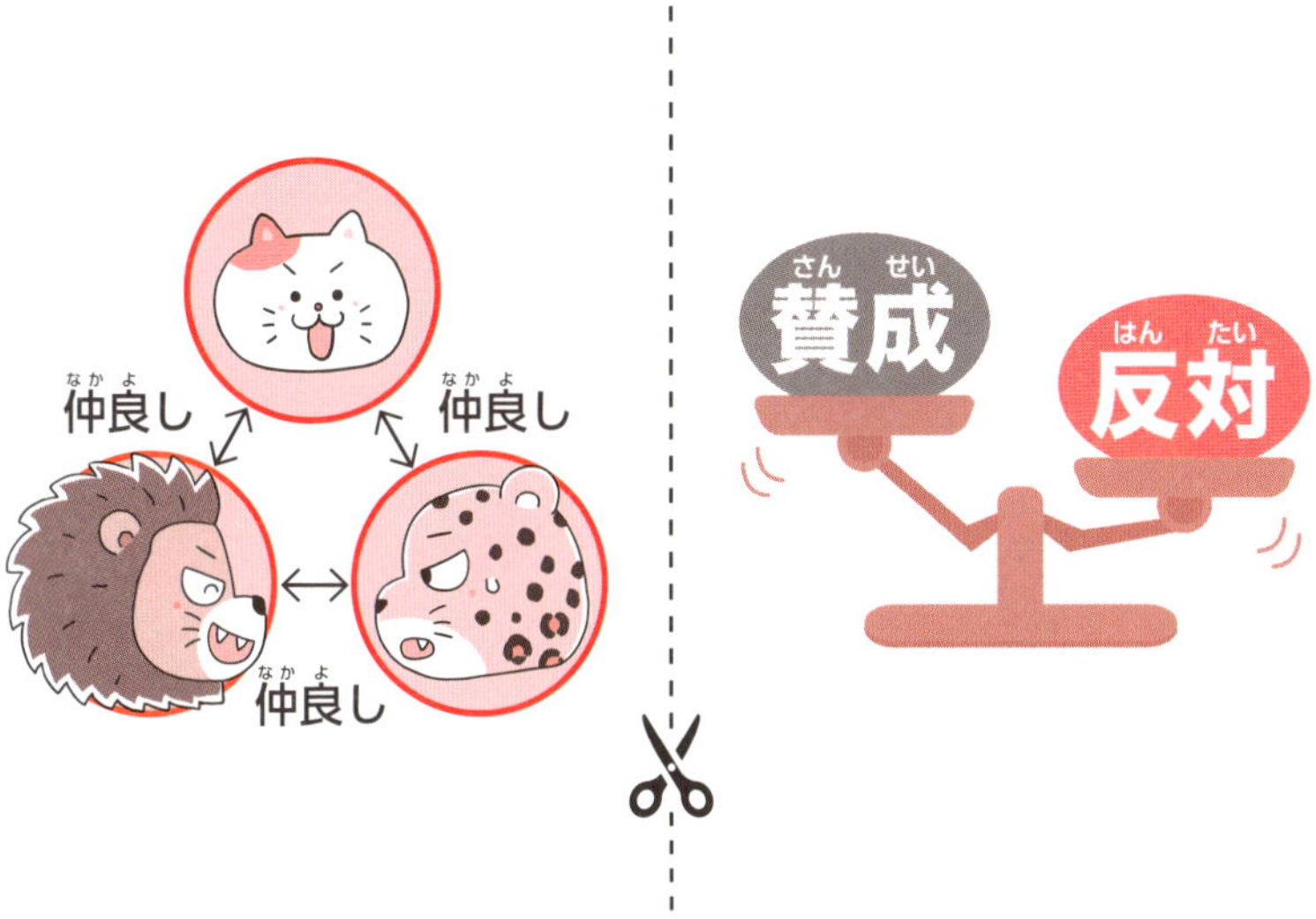

解説《かいせつ》

本当《ほんとう》に良《よ》いものを論理的《ろんりてき》に判断《はんだん》しよう

仲良《なかよ》しの友達《ともだち》を応援《おうえん》する気持《きも》ちから、ライオンさんはネコさんに賛成《さんせい》しているんだね。その気持《きも》ちに影響《えいきょう》されてヒョウさんがネコさんに賛成《さんせい》したら、「『フランダースの犬《いぬ》』がいい」という自分《じぶん》の意見《いけん》を変《か》えたことになる。こういった行動《こうどう》は論理的《ろんりてき》とは言《い》えないんだ。投票《とうひょう》や意見《いけん》を交換《こうかん》する場面《ばめん》で大切《たいせつ》なのは、発《はっ》言《げん》した人《ひと》への感情《かんじょう》を抜《ぬ》きにして本当《ほんとう》に良《よ》いものや好《す》きなものを判断《はんだん》することなんだよ。

友達《ともだち》をイライラさせた原因《げんいん》は？

「映画《えいが》に行《い》こう」と誘《さそ》われて

シカさんが友達《ともだち》を映画《えいが》に誘《さそ》っています。初《はじ》めに声《こえ》をかけたパンダさんは「うん、行《い》きたいな。親《おや》に聞《き》いてみるから、明日《あした》までお返事《へんじ》は待《ま》ってほしいな」と言《い》いました。次《つぎ》にナマケモノさんに声《こえ》をかけると「映画《えいが》かぁ。その映画《えいが》って前作《ぜんさく》を見《み》ていなくても楽《たの》しめる？　でも気《き》にはなっていたんだよ。あ、でもその日《ひ》はほかの約束《やくそく》があるから行《い》けない」という返事《へんじ》。

ナマケモノさんの話《はなし》を聞《き》き終《お》えたシカさんはイライラしているようですが、その原因《げんいん》はどこにあるでしょう？

ここがモヤモヤ

結論《けつろん》をすぐに言《い》わない

これでスッキリ！

答《こた》え・結論《けつろん》・大事《だいじ》なことは先《さき》に言《い》う

解説《かいせつ》

先《さき》に結論《けつろん》を言《い》った方《ほう》が相手《あいて》に伝《つた》わりやすい

　シカさんは断《ことわ》られたことに加《くわ》えて、ナマケモノさんがなかなか結論《けつろん》を言《い》わないことにイライラしたんじゃないかな。最初《さいしょ》に「行《い》けない」と言《い》ってくれれば終《お》わる話《はなし》だからね。自分《じぶん》の意見《いけん》を伝《つた》える場面《ばめん》では、先《さき》に結論《けつろん》を言《い》うようにしよう。たとえば学《がっ》級会《きゅうかい》なら「私《わたし》は○○さんの意《い》見《けん》に賛成《さんせい》です」と言《い》ったあとに「なぜなら……」と理由《りゆう》を続《つづ》けた方《ほう》が、聞《き》いている人《ひと》に伝《つた》わりやすいよ。

論《ろん》点《てん》をずらすのはずるいこと

注意《ちゅうい》をしたら言《い》い返《かえ》された

今週《こんしゅう》はどうぶつ小学校《しょうがっこう》の「ピカピカお掃除週間《そうじしゅうかん》」です。朝《あさ》の当番《とうばん》である5年生《ねんせい》がゴミを拾《ひろ》っていますが、イタチさんは物陰《ものかげ》に隠《かく》れてサボっているようです。アライグマさんが注意《ちゅうい》をすると、イタチさんが「キミだって前《まえ》に廊下《ろうか》を走《はし》って注意《ちゅうい》されたじゃないか。それと同《おな》じことだよ」と言《い》いました。

「確《たし》かにそうか……」とアライグマさんが納得《なっとく》しそうになると、イタチさんはニヤリ。アライグマさんが言《い》いくるめられないように、イタチさんに返《かえ》す言《こと》葉《ば》を考《かんが》えましょう。

「当番《とうばん》をサボることと廊下《ろうか》を走《はし》ることは同《おな》じ」という主張《しゅちょう》を受《う》け入《い》れている

「当番《とうばん》をサボることと廊下《ろうか》を走《はし》ることは同《おな》じ」とする**論点《ろんてん》ずらし**に気付《きづ》く

解説《かいせつ》

論点《ろんてん》ずらしに要注意《ようちゅうい》!!

話《はなし》の中心《ちゅうしん》になる事柄《ことがら》を「論《ろん》点《てん》」と呼《よ》ぶよ。イタチさんが使《つか》ったのは「論点《ろんてん》ずらし」と呼《よ》ばれる話《はな》し方《かた》。アライグマさんは現在《げんざい》のゴミ拾《ひろ》い当番《とうばん》の話《はなし》をしているのに、イタチさんはアライグマさんが廊下《ろうか》を走《はし》った話《はなし》を持《も》ち出《だ》してきているよね。イタチさんはばつが悪《わる》くて使《つか》ったのかもしれないけれど、相手《あいて》の話《はなし》に向《む》き合《あ》わずにごまかそうとする論点《ろんてん》ずらしは、ずるいこと。使《つか》わないように気《き》を付《つ》けようね。

この話《はな》し方《かた》で伝《つた》わる？ 伝《つた》わらない？

友達《ともだち》が転《ころ》んで骨折《こっせつ》した!?

ワシさんがカバさんに、昨日《きのう》の出来事《できごと》について話《はな》しています。「サルさんとイヌさんが自転車《じてんしゃ》で走《はし》ってたら転《ころ》んだんだ。心配《しんぱい》して近《ちか》づいてみたらポッキリと折《お》れてたんだよ！」と聞《き》いて、カバさんはびっくり。「誰《だれ》の骨《ほね》が折《お》れたの？ 救急車《きゅうきゅうしゃ》は呼《よ》んだの？」とあわてて聞《き》くと、「え？ イヌさんの自転車《じてんしゃ》のスポークが折《お》れたんだよ」とワシさん。カバさんは真相《しんそう》を知《し》ると「もっとわかりやすく話《はな》してよ」と怒《おこ》ってしまいました。ワシさんは、どんな話《はな》し方《かた》をすれば良《よ》かったのでしょう？

これでスッキリ!

「誰《だれ》が」「なにが」などの主語《しゅご》を省略《しょうりゃく》しない

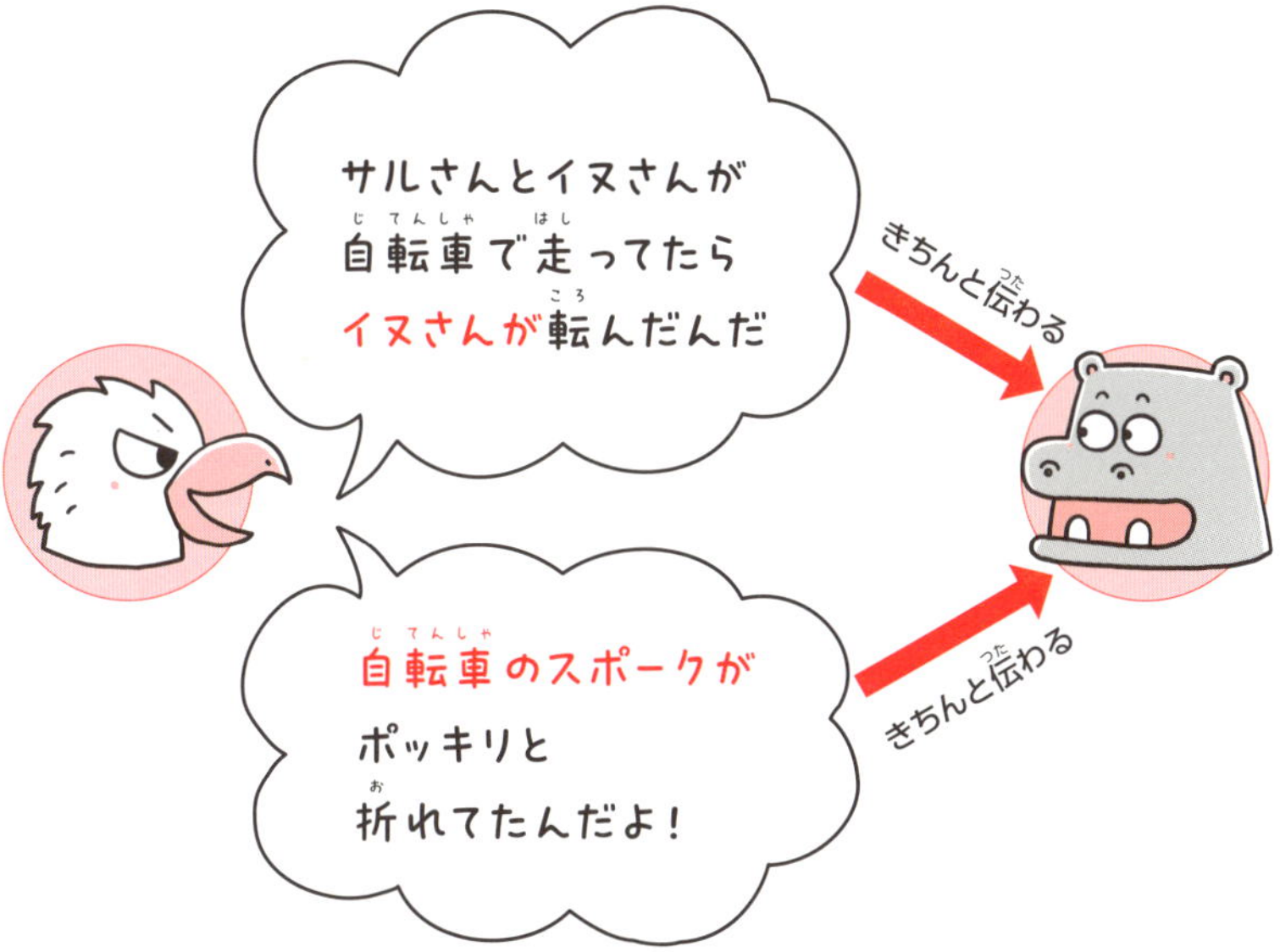
サルさんとイヌさんが
自転車《じてんしゃ》で走《はし》ってたら
イヌさんが転《ころ》んだんだ
きちんと伝《つた》わる
自転車《じてんしゃ》のスポークが
ポッキリと
折《お》れてたんだよ!
きちんと伝《つた》わる

解説《かいせつ》

「誰《だれ》がどうした」は話《はなし》の中心《ちゅうしん》

日本語《にほんご》は「誰《だれ》が」や「なにが」にあたる主語《しゅご》が省略《しょうりゃく》されていても伝《つた》わる言語《げんご》なんだ。主語《しゅご》を言《い》わなくてもわかり合《あ》える関係性《かんけいせい》を大事《だいじ》にしてきたんだね。だからこそ誤解《ごかい》を生《う》むこともある。ワシさんはまさにそのケース。思《おも》いつくままに話《はな》してしまい、違《ちが》う内容《ないよう》でカバさんに伝《つた》わってしまったんだ。相手《あいて》が知《し》らないことを伝《つた》える場合《ばあい》は、「誰《だれ》が（なにが）どうした」という話《はなし》の中心《ちゅうしん》になる部分《ぶぶん》を省略《しょうりゃく》しないようにね。

カッとなって仕返《しかえ》しをするのは論理的《ろんりてき》？

ネタバレされたら、ネタバレ返《がえ》しだ！

ネズミさんとモモンガさんはとても仲良《なかよ》し。共通《きょうつう》の趣味《しゅみ》はマンガです。ある日《ひ》、ネズミさんが読《よ》んでいないマンガの結末《けつまつ》をモモンガさんに言《い》われてしまいました。悪気《わるぎ》はなかったとモモンガさんは謝《あやま》りましたが、そのマンガを楽《たの》しみにしていたネズミさんはカッとなり、仕返《しかえ》しとしてほかのマンガの結末《けつまつ》を話《はな》して帰《かえ》ってきました。

初《はじ》めはスカッとした気分《きぶん》だったネズミさんですが、次第《しだい》に気《き》持《も》ちがモヤモヤしてきたようです。このモヤモヤの原因《げんいん》は、どこにあるのでしょう？

ここがモヤモヤ

カッとなって思《おも》うがままに行動《こうどう》した

ネタバレを聞《き》く → 怒《おこ》る → 「仕返《しかえ》しをしたい」と思《おも》う → 実行《じっこう》 → 後悔《こうかい》

やめておけば良《よ》かった

悲《かな》しそうだった……

これでスッキリ！

カッとなっても論理的思考《ろんりてきしこう》でブレーキをかける

ネタバレを聞《き》く → 怒《おこ》る → 「仕返《しかえ》しをしたい」と思《おも》う → 仕返《しかえ》しをしたらどうなるか考《かんが》える → 仕返《しかえ》しをやめる

嫌《いや》な気分《きぶん》になるよね

ケンカになるかも？

解説《かいせつ》

自分《じぶん》の行動《こうどう》が招《まね》く結末《けつまつ》を想像《そうぞう》する

ネズミさんのように怒《いか》りやいらだちなどの感情《かんじょう》に飲《の》み込《こ》まれて冷静《れいせい》な判断《はんだん》ができず、あとから「なぜあんなことをしたんだ……」と落《お》ち込《こ》んだ経験《けいけん》は誰《だれ》にでもあるはず。でも論理的思考《ろんりてきしこう》力《りょく》に長《た》けている人《ひと》は、行動《こうどう》とその結果《けっか》について筋道《すじみち》を立《た》てて考《かんが》えるから失敗《しっぱい》することが少《すく》ないんだ。今《いま》はまだ難《むずか》しいかもしれないけれど、カッとなったら一《ひと》呼吸《こきゅう》おいて、自分《じぶん》の行動《こうどう》が招《まね》く結果《けっか》を想像《そうぞう》してみよう。

わかりにくい説明《せつめい》をスッキリ整《ととの》えよう

クリスマス会《かい》についてのあれこれ

イノシシさんが、イベント係《がかり》として計画《けいかく》したクリスマス会《かい》について説明《せつめい》しています。「イス取《と》りゲームとプレゼント交換《こうかん》をします。後片付《あとかたづ》けは係《かかり》の人《ひと》にお願《ねが》いします。みなさんは３００円以内《えんいない》のプレゼントを用意《ようい》してください。ジュースを飲《の》むのでコップも持《も》ってきてください。お菓子係《かしがかり》がプレゼント交換《こうかん》の前《まえ》にお菓子《かし》を配《くば》ります。10時《じ》スタートなので、9時《じ》50分《ぷん》には全《ぜん》員教室《いんきょうしつ》に来《き》てください」

この説明《せつめい》がわかりにくく感《かん》じる理由《りゆう》はなんでしょう？

ここがモヤモヤ

「時間《じかん》の流《なが》れ」を考《かんが》えないで説明《せつめい》している

これでスッキリ！

「時間《じかん》の流《なが》れ」を整理《せいり》して説明《せつめい》する

クリスマス会《かい》の前《まえ》
- 300円以内《えんいない》のプレゼントを用意《ようい》
- ジュース用《よう》のコップを持《も》ってくる
- 9時《じ》50分集合《ぷんしゅうごう》

クリスマス会《かい》の最中《さいちゅう》
- プレゼント交換前《こうかんまえ》に係《かかり》がお菓子《かし》を配《くば》る
- イス取《と》りゲームとプレゼント交換《こうかん》をする

クリスマス会《かい》のあと
- 後片付《あとかたづ》けは係《かかり》がする

時間《じかん》の流《なが》れ

解説《かいせつ》

頭《あたま》の中《なか》も説明《せつめい》もごちゃごちゃ

イノシシさんの説明《せつめい》はごちゃごちゃしているね。イノシシさんの頭《あたま》の中《なか》も、情報《じょうほう》が整理《せいり》しきれずにごちゃごちゃしているのかな。こんなときは、クリスマス会《かい》の前《まえ》・最中《さいちゅう》・あとと「時間《じかん》の流《なが》れ」に沿《そ》って説明《せつめい》するのが基本《きほん》だよ。アニメやドラマについて伝《つた》えるときも、放送《ほうそう》されたストーリーに沿《そ》って話《はな》す方《ほう》がわかりやすいよね。論理的《ろんりてき》に話《はな》すためには、時間《じかん》の流《なが》れや順序《じゅんじょ》を意識《いしき》することが大事《だいじ》なんだよ。

「なぜなぜツリー（whY《ホワイ》ツリー）」で原因《げんいん》を探《さが》そう

「なぜ」早起《はやお》きできないの？

シカさんは早起《はやお》きが苦手《にがて》でいつも朝寝坊《あさねぼう》。とうとうお母《かあ》さんから「堪忍袋《かんにんぶくろ》の緒《お》が切《き》れました。明日《あした》からはどうにかして自分《じぶん》で起《お》きてちょうだい」と言《い》われてしまいました。

学校《がっこう》で「なんで早起《はやお》きできないんだろう……」と悩《なや》んでいると、ウシさんが「ため息《いき》なんてついてどうしたの？」と心配《しんぱい》しています。事情《じじょう》を話《はな》すと「〝なぜなぜツリー〟で原因《げんいん》を突《つ》き止《と》められるよ！」とのこと。ウシさんと一緒《いっしょ》にシカさんの朝寝坊《あさねぼう》の原因《げんいん》を探《さが》してみましょう。

これでスッキリ！

「なぜなぜツリー」で問題《もんだい》の原因《げんいん》を見《み》つける
(why《ホワイ》ツリー)

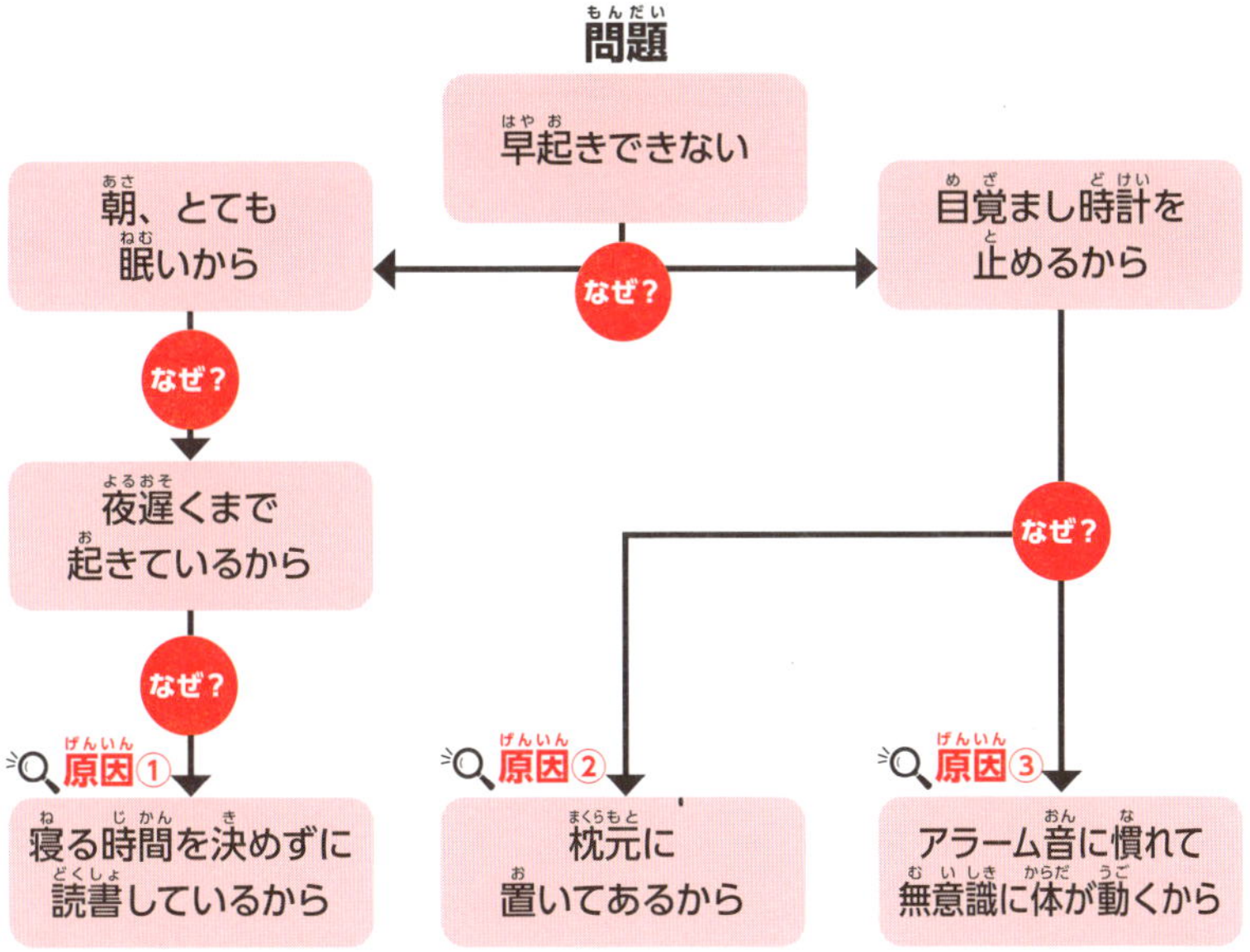

解説《かいせつ》

理由《りゆう》を枝分《えだわ》かれさせて対策《たいさく》を見《み》つけよう

問題《もんだい》の解決策《かいけつさく》が見《み》つからないときは紙《かみ》と鉛筆《えんぴつ》を用意《ようい》しよう。「なぜ？」と自問自答《じもんじとう》しながら原因《げんいん》を探《さぐ》っていく、その名《な》も「なぜなぜツリー」の出番《でばん》だ。解決《かいけつ》したい問題《もんだい》をスタートにして、矢印《やじるし》とともにどんどん枝分《えだわ》かれさせながら原因《げんいん》を書《か》いていこう。たどり着《つ》く先《さき》には、解決《かいけつ》の具体《ぐたい》的《てき》な糸口《いとぐち》がある。シカさんの「なぜなぜツリー」なら、原因《げんいん》①②③への対策《たいさく》をそれぞれ試《ため》せばいいんだね。

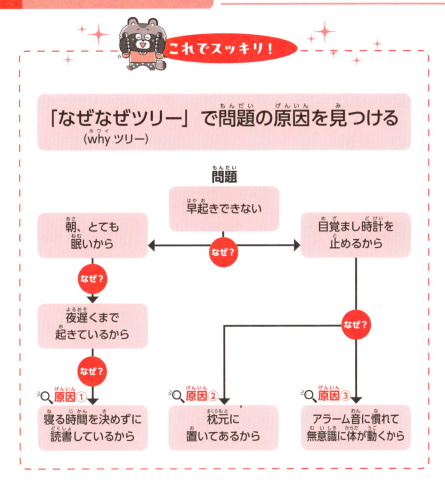

「どうやってツリー（how《ハウ》ツリー）」で解決法《かいけつほう》を探《さが》そう

目標《もくひょう》を決《き》めたのはいいけれど……

漢字《かんじ》に苦手意識《にがていしき》をもっているコアラさんは、「今年《ことし》こそ変《か》わってやる！」と決意《けつい》しました。漢字検定《かんじけんてい》5級合格《きゅうごうかく》を目標《もくひょう》に勉強《べんきょう》することにしたのです。しかしいざ勉強《べんきょう》しようとすると、どうやって進《すす》めればいいかわかりません。「どうしよう……」と悩《なや》んでいると、ウシさんが「どうしたの？」と心配《しんぱい》しています。事情《じじょう》を話《はな》すと「〝どうやってツリー〟で解決法《かいけつほう》を見《み》つけられるよ！」とのこと。ウシさんと一緒《いっしょ》にコアラさんの漢字勉強法《かんじべんきょうほう》を探《さが》してみましょう。

これでスッキリ！

「どうやってツリー」で問題《もんだい》の解決法《かいけつほう》を見《み》つける
(how《ハウ》 ツリー)

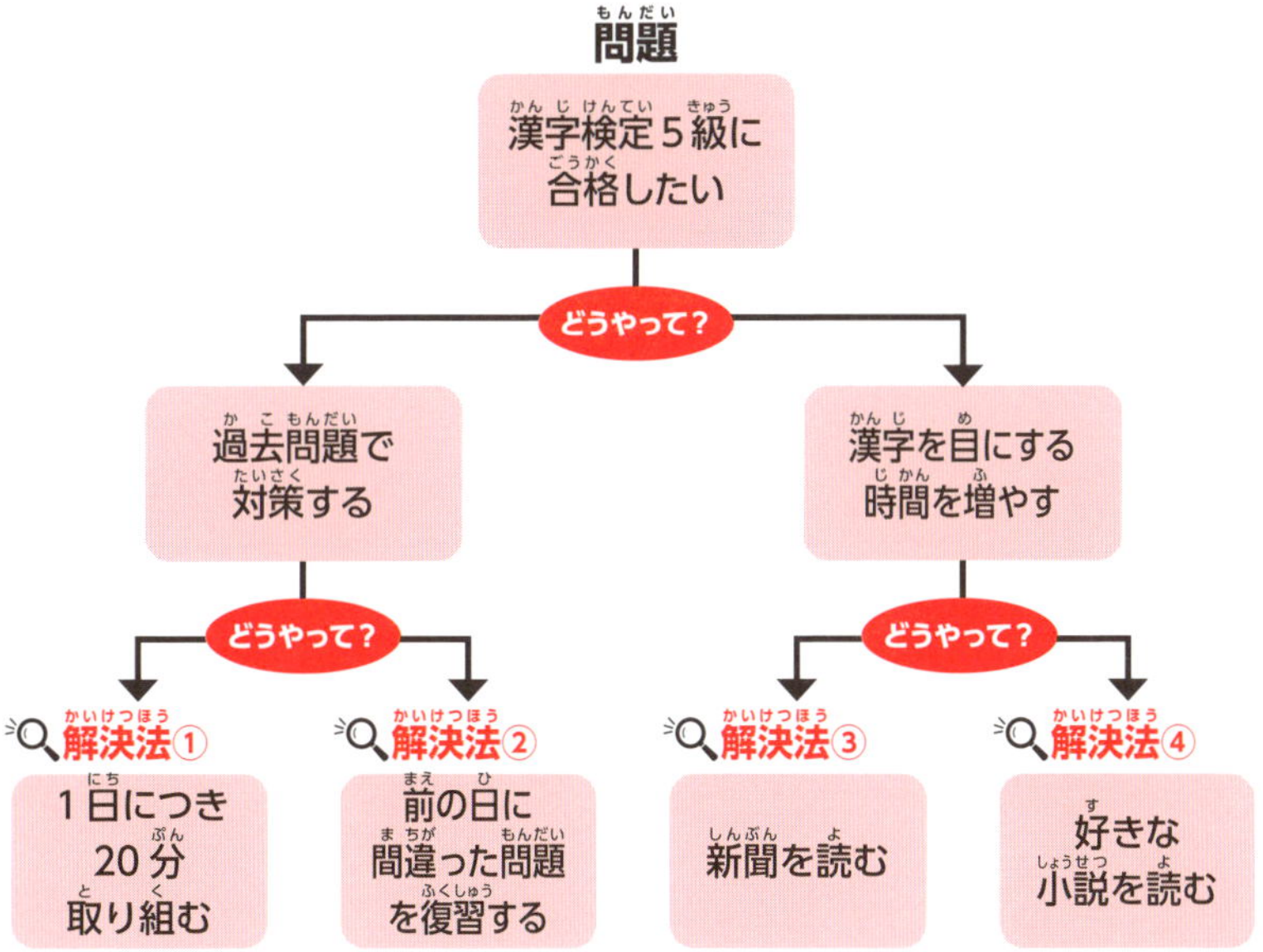

解説《かいせつ》

書《か》き進《すす》めるごとに具体的《ぐたいてき》にしていこう

問題《もんだい》の解決法《かいけつほう》を探《さが》すときには「どうやってツリー」を使《つか》おう。「なぜなぜツリー（60～61P《ページ》）」と同様《どうよう》に紙《かみ》と鉛筆《えんぴつ》を用意《ようい》したら、まずは問題《もんだい》を書《か》く。次《つぎ》にその問題《もんだい》を「どうやって」解決《かいけつ》していくか、矢印《やじるし》とともにどんどん書《か》き込《こ》んでいこう。枝分《えだわ》かれするごとに、より具体的《ぐたいてき》にしていくのがポイントだよ。あとは行動《こうどう》あるのみ。導《みちび》き出《だ》された方法《ほうほう》を生活《せいかつ》に取《と》り入《い》れて、問題解決《もんだいかいけつ》にチャレンジしよう。

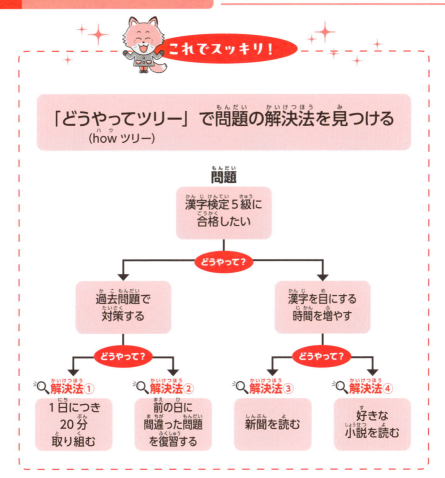

占《うらな》いが当《あ》たったのは気《き》のせいかも？

ラッキーカラーのおかげでケンカしなかった

ヒツジさんは毎朝《まいあさ》、テレビの占《うらな》いコーナーで運勢《うんせい》をチェックするのが日課《にっか》です。今日《きょう》は「乙《おと》女座《めざ》のアナタは仲良《なかよ》しの友達《ともだち》とケンカする予感《よかん》。ラッキーカラーの水色《みずいろ》で優《やさ》しい印象《いんしょう》にすればケンカしないで済《す》むかも!?」と放送《ほうそう》していました。ヒツジさんは早速《さっそく》、水色《みずいろ》の洋服《ようふく》に着替《きが》えて登校《とうこう》し、みんなと仲良《なかよ》く過《す》ごして下校《げこう》しました。

　ヒツジさんは「占《うらな》いのおかげで楽《たの》しく過《す》ごせたな。明日《あした》も乙《おと》女座《めざ》の占《うらな》いを参考《さんこう》にしよう」と上機嫌《じょうきげん》ですが、占《うらな》いは当《あ》たったと考《かんが》えていいのでしょうか？

これでスッキリ！

占《うらな》いに「誰《だれ》にでも当《あ》てはまること」が書《か》いていないか確認《かくにん》してみよう

たとえば

- ☑ 友達《ともだち》と遊《あそ》ぶのは好《す》きだけれど、ときには1人《ひとり》で過《す》ごしたい
- ☑ どちらかといえば周囲《しゅうい》を観察《かんさつ》するのが好《す》き
- ☑ 時々《ときどき》、あれこれと考《かんが》えすぎてしまうことがある
- ☑ 夢中《むちゅう》になると時間《じかん》が過《す》ぎるのも忘《わす》れてしまう

占《うらな》いが「よく当《あ》たる」と感《かん》じるのは
「バーナム効果《こうか》」という心《こころ》のクセの影響《えいきょう》

解説《かいせつ》

占《うらな》いとはほどよい距離感《きょりかん》で付《つ》き合《あ》おう

これまで「まさに自分《じぶん》のことを言《い》い当《あ》てている！」と感《かん》じるような占《うらな》いを目《め》にしたことってあるかな。でもこれは「バーナム効果《こうか》」と呼《よ》ばれる現象《げんしょう》のせいなんだ。人間《にんげん》には、誰《だれ》にでも当《あ》てはまるような内容《ないよう》を読《よ》んでも「自分《じぶん》のことを言《い》い当《あ》てている」と感《かん》じてしまう傾向《けいこう》があるんだよ。占《うらな》いは楽《たの》しいかもしれないけれど、信《しん》じすぎるのは考《かんが》えものの。ほどよい距離感《きょりかん》で付《つ》き合《あ》っていきたいね。

動画《どうが》に夢中《むちゅう》で大事《だいじ》なことが後回《あとまわ》し

宿題《しゅくだい》をやらなくても大丈夫《だいじょうぶ》？

学校《がっこう》から帰《かえ》ってきたゴリラさんが、タブレットで動画《どうが》を鑑賞《かんしょう》しています。塾《じゅく》から帰《かえ》ってきた受験生《じゅけんせい》のお姉《ねえ》さんが、「ゴリラはのんびりできていいねえ。宿題《しゅくだい》とか、することはないの？」と聞《き》いてきました。「ん〜、まぁ大丈夫《だいじょうぶ》」とゴリラさんは答《こた》えましたが、明日《あした》までに提出《ていしゅつ》しなくてはいけない宿題《しゅくだい》や、毎日《まいにち》すると約束《やくそく》しているピアノの練習《れんしゅう》をしていません。このままでは困《こま》った事態《じたい》になりそうです。ゴリラさんが宿題《しゅくだい》とピアノの練習《れんしゅう》に取《と》り組《く》むためには、どんな考《かん》え方《かた》をすればいいでしょうか。

これでスッキリ！

「必《かなら》ずやること」と「やりたいこと」に分《わ》けて考《かんが》える

優先順位《ゆうせんじゅんい》

高《たか》い

必《かなら》ずやること……… 明日提出《あしたていしゅつ》する宿題《しゅくだい》
毎日練習《まいにちれんしゅう》するピアノ

やりたいこと……… タブレットで動画《どうが》を見《み》る

低《ひく》い

解説《かいせつ》

「必《かなら》ずやること」を先《さき》に片付《かたづ》ける

物事《ものごと》を進《すす》めるにあたり、ほかのものよりも先《さき》に取《と》り組《く》んだ方《ほう》が良《よ》いことを「優先順位《ゆうせんじゅんい》が高《たか》い」と表現《ひょうげん》するよ。ゴリラさんのように「やりたいこと」に夢《む》中《ちゅう》になりがちだけれど、「必《かなら》ずやること」の方《ほう》が優先順位《ゆうせんじゅんい》は高《たか》いんだ。まずは、「必《かなら》ずやること」を先《さき》に片付《かたづ》ける習慣《しゅうかん》を身《み》につけよう。そうすれば、大事《だいじ》なことを先延《さきの》ばしにすることも、宿題《しゅくだい》の提出期限《ていしゅつきげん》を過《す》ぎてしまうこともなくなるよ。

宿題《しゅくだい》を期限内《きげんない》に終《お》わらせるには？

提出期限《ていしゅつきげん》を守《まも》るのが苦手《にがて》なのに……

ゴールデンウィークが始《はじ》まりました。どうぶつ小学校《しょうがっこう》の5年《ねん》生《せい》には、漢字《かんじ》ドリルと計算《けいさん》ドリル、絵日記《えにっき》、植物《しょくぶつ》の観察《かんさつ》の宿題《しゅくだい》が出《で》ています。ウキウキ気分《きぶん》のナマケモノさんは、パラパラとドリルをめくりながら「宿題《しゅくだい》は明日《あした》からでいいかな。多分《たぶん》、1日《にち》2P《ページ》ぐらい進《すす》めれば終《お》わるよね」とつぶやいています。呑気《のんき》に構《かま》えているナマケモノさんですが、じつは連休《れんきゅう》や長期休《ちょうきやす》みの宿題《しゅくだい》を提出日《ていしゅつび》までにやり終《お》えることが苦手《にがて》なのです。無理《むり》なく期限内《きげんない》に宿題《しゅくだい》を終《お》わらせるには、どうすればいいでしょう。

ゴールから逆算《ぎゃくさん》して計画《けいかく》を立《た》てる

イベント・予定《よてい》			学校《がっこう》	学校《がっこう》	学校《がっこう》		旅行《りょこう》	→	
日付《ひづけ》／やること（宿題《しゅくだい》）	4月《がつ》28日《にち》	4月《がつ》29日《にち》	4月《がつ》30日《にち》	5月《がつ》1日《ついたち》	5月《がつ》2日《ふつか》	5月《がつ》3日《みっか》	5月《がつ》4日《よっか》	5月《がつ》5日《いつか》	5月《がつ》6日《むいか》
漢字《かんじ》ドリル（全部《ぜんぶ》で 21P《ページ》 1日《にち》 3P《ページ》 進《すす》める）	○	○					／	／	
計算《けいさん》ドリル（全部《ぜんぶ》で 7P《ページ》 1日《にち》1P《ページ》 進《すす》める）	○	○					／	／	
絵日記《えにっき》（2日分《ふつかぶん》）		○					／	／	
植物《しょくぶつ》の観察《かんさつ》（1日《にち》）							／	／	

解説《かいせつ》

「なんとなく」ではなく逆算《ぎゃくさん》して計画《けいかく》を立《た》てる

課題《かだい》や宿題《しゅくだい》のように期限《きげん》が決《き》まっているものに取《と》り組《く》むときは、全体《ぜんたい》の量《りょう》と提出日《ていしゅつび》を確認《かくにん》し、そこから逆算《ぎゃくさん》をして計画《けいかく》を立《た》てるようにしよう。

上《うえ》の表《ひょう》のようにまとめて、やり終《お》えたらチェックを入《い》れるのもオススメ。「なんとなく」で取《と》り組《く》む宿題《しゅくだい》の量《りょう》を決《き》めるのは論理的《ろんりてき》ではないよ。やるべきことが見《み》えれば、不思議《ふしぎ》とやる気《き》もわいてくる。作業《さぎょう》もはかどるから、いいことづくめなんだ。

無理《むり》&《アンド》無駄《むだ》のない、お使《つか》いの順番《じゅんばん》を考《かんが》えよう

アイスクリームが溶《と》けちゃった

お父《とう》さんから「クリーニング店《てん》に行《い》って、ワイシャツを引《ひ》き取《と》ってきてくれるかな。ついでに、この手紙《てがみ》を郵便《ゆうびん》ポストに出《だ》してね。あとは、おやつのアイスクリームをスーパーマーケットで買《か》ってきてほしいな」と言《い》われたゾウさんは、「同《おな》じ方角《ほうがく》で遠《とお》いところからまわる方《ほう》が効《こう》率的《りってき》だ」と考《かんが》え、③②①の順番《じゅんばん》でお使《つか》いを済《す》ませました。

しかし家《いえ》に着《つ》いた頃《ころ》には、アイスクリームがどろどろに溶《と》けていました。どんな順番《じゅんばん》でお使《つか》いを済《す》ませた方《ほう》が、より効率的《こうりってき》だと考《かんが》えられるでしょうか。

これでスッキリ！

**「なにを優先《ゆうせん》するのか」を考《かんが》えて
お使《つか》いの順番《じゅんばん》を決《き》める**

たとえば

「アイスクリームが溶《と》けないようにすること」を優先《ゆうせん》するなら……

②の郵便《ゆうびん》ポストに手紙《てがみ》を出《だ》す

↓

①のクリーニング店《てん》でワイシャツを引《ひ》き取《と》る

↓

④のスーパーマーケットでアイスクリームを買《か》う

解説《かいせつ》

優先《ゆうせん》することによってお使《つか》いの順番《じゅんばん》も変《か》わる

いくつかの用事《ようじ》を同時《どうじ》に頼《たの》まれたときは、「なにを優先《ゆうせん》するのか」を考《かんが》えよう。ゾウさんの場合《ばあい》は、「アイスクリームが溶《と》けないようにすること」が大事《だいじ》だよね。だから、家《いえ》から近《ちか》い④のスーパーマーケットで買《か》い物《もの》をするのは最後《さいご》になる。もし「なるべく荷物《にもつ》を持《も》たないようにすること」も優先順位《ゆうせんじゅんい》に加《くわ》えるなら、②と①を終《お》えたあとに家《いえ》に寄《よ》り、ワイシャツを置《お》いてから④に向《む》かうといいね。

上手《じょうず》に袋詰《ふくろづ》めができるかな？

品物《しなもの》をどうやって分類《ぶんるい》する？

ブタさんが妹《いもうと》とスーパーマーケットで買《か》い物《もの》をしています。会計《かいけい》を終《お》え、持《も》ってきたマイバッグに品物《しなもの》を詰《つ》めることにしました。買《か》った物《もの》は2ℓ《リットル》のペットボトル飲料《いんりょう》・パック入《い》りの卵《たまご》・ブドウ・レンコン・冷凍《れいとう》ピザ・焼《や》きイモです。マイバッグはブタさんと妹《いもうと》がそれぞれ持《も》っているので、2つあります。

ブタさんは「ぐちゃぐちゃにならないように詰《つ》めたいな」と考《かん》えているようです。ブタさんたちはどんなことに気《き》を付《つ》けて品物《しなもの》を詰《つ》めていけばいいか、一《いっ》緒《しょ》に考《かん》えてみましょう。

これでスッキリ！

品物《しなもの》の丈夫《じょうぶ》さと温度《おんど》に気《き》を付《つ》ける

例《れい》①

丈夫《じょうぶ》な物《もの》は袋《ふくろ》の下側《したがわ》に、割《わ》れやすくつぶれやすい物《もの》は袋《ふくろ》の上側《うえがわ》に

例《れい》②

温《あたた》かい品物《しなもの》は冷《つめ》たい品物《しなもの》と一緒《いっしょ》に入《い》れない

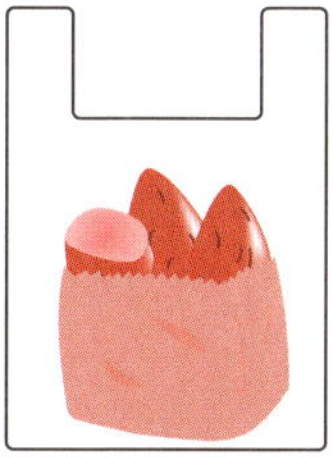

解説《かいせつ》

丈夫《じょうぶ》で重《おも》い物《もの》を下《した》にして重心《じゅうしん》を安定《あんてい》させる

スーパーマーケットで買《か》った品物《しなもの》を袋《ふくろ》に詰《つ》めるときは、なるべく丈夫《じょうぶ》で重《おも》い物《もの》を袋《ふくろ》の下《した》に入《い》れれば、重心《じゅうしん》が低《ひく》くなるから安《あん》定《てい》するよ。これは、ピラミッドが崩《くず》れないのと同《おな》じ原理《げんり》なんだ。

さらに、品物《しなもの》の温度《おんど》にも気《き》を付《つ》けよう。焼《や》きイモと冷凍《れいとう》ピザを同《おな》じ袋《ふくろ》に入《い》れたら、焼《や》きイモは冷《さ》めるしピザは溶《と》けるし大変《たいへん》だよね。袋詰《ふくろづ》めは慣《な》れが肝心《かんじん》。買《か》い物《もの》に行《い》ったときには、ぜひ練《れん》習《しゅう》してみよう。

頭《あたま》も部屋《へや》もスッキリする掃除《そうじ》の手順《てじゅん》

掃除《そうじ》をしたのにキレイにならない

「たまには自分《じぶん》の部屋《へや》を掃除《そうじ》しなさい」とお母《かあ》さんに言《い》われたパンダさんは、しぶしぶ掃除《そうじ》を始《はじ》めました。掃除機《そうじき》をかけて、散《ち》らかった服《ふく》やおもちゃを片付《かたづ》け、照明器具《しょうめいきぐ》を拭《ふ》いて終了《しゅうりょう》！と思《おも》いきや、床《ゆか》にはゴミやホコリが落《お》ちています。様子《ようす》を見《み》にきたお母《かあ》さんに「せっかく掃除《そうじ》をしたのに全然《ぜんぜん》キレイにならないよ！」と言《い》うと、「掃除《そうじ》の手《て》順《じゅん》を考《かんが》えてみたら？ ヒントは〝う○から、お○から〟だよ」と言《い》われました。お母《かあ》さんの出《だ》した問題《もんだい》の答《こた》えはいったいなんでしょう？

これでスッキリ！

掃除《そうじ》の基本《きほん》は「上《うえ》から、奥《おく》から」

基本的《きほんてき》な掃除《そうじ》の手順《てじゅん》

①床《ゆか》に散《ち》らばった物《もの》や不要《ふよう》な物《もの》を片付《かたづ》ける

②天井《てんじょう》・壁《かべ》のホコリを払《はら》う

③照明器具《しょうめいきぐ》や家具《かぐ》のホコリを払《はら》う

④家具《かぐ》の下《した》や奥《おく》をキレイにする

⑤部屋《へや》の奥《おく》から手前《てまえ》に掃除機《そうじき》をかける

解説《かいせつ》

論理的思考力《ろんりてきしこうりょく》が光《ひか》る昔《むかし》ながらの方法《ほうほう》

掃除《そうじ》は昔《むかし》から、上《うえ》から下《した》、奥《おく》から手前《てまえ》に行《おこな》うことが基本《きほん》とされてきたよ。床《ゆか》をキレイにしても、そのあとに棚《たな》の上《うえ》のホコリを払《はら》ったら、もう一度《いちど》床《ゆか》をキレイにしなくてはいけなくなるよね。そんな無駄《むだ》を生《う》まない昔《むかし》ながらのやり方《かた》には、論理的思考《ろんりてきしこう》力《りょく》が生《い》きているんだ。お風呂上《ふろあ》がりのタオルの使《つか》い方《かた》や食器《しょっき》の片付《かたづ》け方《かた》など、普段何気《ふだんなにげ》なく行《おこな》っている動作《どうさ》に無駄《むだ》がないか考《かんが》えてみるのも面白《おもしろ》いよ。

家具《かぐ》を組《く》み立《た》てる前《まえ》にやるべきこと

組《く》み立《た》て式《しき》の本棚《ほんだな》が完成《かんせい》しない!?

クマさんの家《いえ》に新《あたら》しい本棚《ほんだな》が届《とど》きました。この本棚《ほんだな》は組《く》み立《た》てタイプなので、クマさんのお父《とう》さんとお母《かあ》さんが作《つく》ることにしました。

しばらく2人《ふたり》で作業《さぎょう》を進《すす》めていたところ、お父《とう》さんが「あれ？この板《いた》の向《む》きが違《ちが》うかな？」と戸惑《とまど》っています。お母《かあ》さんも「もしかしてこの部品《ぶひん》、さっき使《つか》わなくちゃいけなかったの？」と困《こま》り顔《がお》です。このようなトラブルを避《さ》けるためには、本棚《ほんだな》を組《く》み立《た》てる前《まえ》になにをすればよかったのでしょうか。

これでスッキリ!

取扱説明書《とりあつかいせつめいしょ》を読《よ》んでから組《く》み立《た》てる

◎ 取扱説明書《とりあつかいせつめいしょ》を先《さき》に読《よ》むメリット

- 足《た》りない部品《ぶひん》がわかる
- より短《みじか》い時間《じかん》で組《く》み立《た》てられる
- 商品《しょうひん》を正《ただ》しく使用《しよう》することで、ケガや故障《こしょう》を防《ふせ》げる
- 知《し》らない機能《きのう》を発見《はっけん》できる

解説《かいせつ》

あせりは禁物《きんもつ》 急《いそ》がば回《まわ》れ

クマさんのお父《とう》さんとお母《かあ》さんは、新《あたら》しい本棚《ほんだな》を早《はや》く組《く》み立《た》てたくて作業《さぎょう》を始《はじ》めてしまったのかな。でも「急《いそ》がば回《まわ》れ」ということわざがあるように、あせって失敗《しっぱい》するよりも、用心深《ようじんぶか》くやる方《ほう》が結局《けっきょく》は効率的《こうりつてき》なことも多《おお》いよ。それに取扱説明書《とりあつかいせつめいしょ》を読《よ》んで理解《りかい》することは、論理《ろんり》的思考力《てきしこうりょく》を鍛《きた》えることにもつながるんだ。ときには、ブロックやおもちゃの取扱説明書《とりあつかいせつめいしょ》をじっくり読《よ》んでみよう。

写真《しゃしん》やイラストから情報《じょうほう》を読《よ》み取《と》ろう

いつの時代《じだい》のなにをしているところ？

トラさんのおじいさんが、トラさんに1冊《さつ》の本《ほん》を見《み》せながら「これは今《いま》も使《つか》われている道具《どうぐ》の昔《むかし》の姿《すがた》だよ。なんだかわかるかな?」とクイズを出《だ》してきました。

トラさんが本《ほん》を見《み》てみると、着物《きもの》を着《き》た女性《じょせい》が木《き》の箱《はこ》に向《む》かってなにかをしている様子《ようす》が描《えが》かれています。女性《じょせい》は指《ゆび》で木《き》の箱《はこ》を触《さわ》っているようです。トラさんはしばらく考《かんが》えたあと、「わかった!」と元気良《げんきよ》く答《こた》えました。これがなんの道具《どうぐ》か、キミもわかりましたか?

これでスッキリ！

電話機《でんわき》

受話器《じゅわき》を耳《みみ》に当《あ》てている
送話口《そうわぐち》（ここに向《む》かって話《はな》す）
ダイヤルを回《まわ》している
髪型《かみがた》と着物《きもの》で昔《むかし》だとわかる

解説《かいせつ》

写真《しゃしん》やイラストの情報《じょうほう》から答《こた》えを導《みちび》き出《だ》す

これは大正時代《たいしょうじだい》から昭和時《しょうわじ》代初期《だいしょき》まで日本《にほん》で使《つか》われていたダイヤル式《しき》の電話機《でんわき》だよ。スマートフォンに比《くら》べると、かなり大《おお》きいし姿形《すがたかたち》も違《ちが》うよね。トラさんはイラストから「時代《じだい》」や「なにをしているのか」といった情報《じょうほう》を読《よ》み取《と》り、整理《せいり》して考《かんが》え、電話機《でんわき》が答《こた》えだと導《みちび》き出《だ》したんだね。写真《しゃしん》やイラストからは時間《じかん》、季節《きせつ》、地理《ちり》や物《もの》の形《かたち》や数《かず》など、たくさんの情報《じょうほう》を読《よ》み取《と》ることができるんだよ。

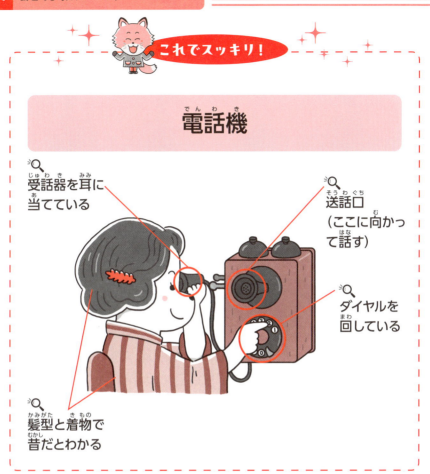

グラフにだまされないために

100名《めい》に聞《き》いたアンケートの結果《けっか》

ハムスターさんがテレビでニュースを見《み》ています。ニュースでは増税《ぞうぜい》に対《たい》するアンケートの結果《けっか》を紹介《しょうかい》しているようです。「私《わたし》たちの番組《ばんぐみ》で１００名《めい》の方《かた》に質問《しつもん》したところ、増税《ぞうぜい》に反対《はんたい》の方《かた》は84名《めい》、賛成《さんせい》の方《かた》は9名《めい》、わからないと答《こた》えた方《かた》は7名《めい》となりました。こちらが人数《にんずう》の割《わり》合《あい》を示《しめ》したグラフです」とニュースキャスターが話《はな》しているのを聞《き》き、ハムスターさんは混乱《こんらん》してしまいました。イラストを参考《さんこう》に、なぜハムスターさんが混乱《こんらん》したのか考《かんが》えてみましょう。

ここがモヤモヤ

グラフの割合《わりあい》と数字《すうじ》が合《あ》っていない

〈正《ただ》しい割合《わりあい》のグラフ〉

これでスッキリ！

アンケートの結果《けっか》やグラフが正《ただ》しく表示《ひょうじ》されているか確認《かくにん》する

解説《かいせつ》

正《ただ》しいグラフかどうかチェックを忘《わす》れずに

イラストのグラフを見《み》ると、「反対《はんたい》」と答《こた》えた人《ひと》が84名《めい》よりも少《すく》ないような印象《いんしょう》を受《う》けるよね。このように正《ただ》しく表示《ひょうじ》せずに、人《ひと》の気持《きも》ちを誘導《ゆうどう》しようとするグラフが世《よ》の中《なか》にはあふれているんだ。グラフを読《よ》み取《と》るときには、①誰《だれ》によって作《つく》られたものか、②どこで発表《はっぴょう》されたものか、③いつ出《だ》されたものかを確認《かくにん》するようにしよう。グラフの目盛《めも》りや数字《すうじ》のバランスにも注意《ちゅうい》が必要《ひつよう》だよ。

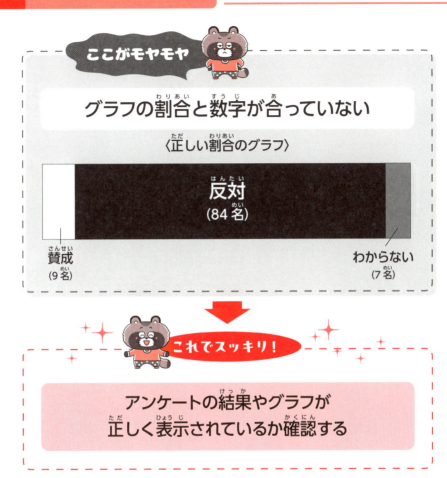

あやしいネット広告《こうこく》にご用心《ようじん》

ジャンプ力《りょく》がアップするサプリメント

スマートフォンのアプリでマンガを読《よ》んでいたネコさんは、表示《ひょうじ》されたサプリメントの広《こう》告《こく》が気《き》になりました。ジャンプ力《りょく》をアップさせる効果《こうか》があり、医学的《いがくてき》に認《みと》められている成分《せいぶん》が入《はい》っているそうです。広告《こうこく》には医師《いし》の推薦《すいせん》コメントも載《の》っていました。以前《いぜん》からジャンプ力《りょく》をアップさせたいと思《おも》っていたネコさんは、「両親《りょうしん》にお願《ねが》いして買《か》ってもらおうかな」と考《かんが》えています。お父《とう》さんやお母《かあ》さんにお願《ねが》いする前《まえ》に、ネコさんがしておいた方《ほう》がいいことはなんでしょう?

これでスッキリ！

広告《こうこく》を完全《かんぜん》に信用《しんよう》せず、自分《じぶん》なりに調《しら》べてみる

たとえば

・「ジャンプアップ」という成分《せいぶん》は本当《ほんとう》に効果《こうか》があるの？

・この会社《かいしゃ》はほかにどんな商品《しょうひん》を売《う》っているの？

・「ネコ博士《はかせ》」は、広告《こうこく》に出《で》ている白衣《はくい》を着《き》たネコと同《おな》じ人物《じんぶつ》？

解説《かいせつ》

論理的思考力《ろんりてきしこうりょく》で自分《じぶん》の身《み》を守《まも》る

身《み》のまわりの常識《じょうしき》を疑《うたが》うことやデータや根拠《こんきょ》を確認《かくにん》することは、論理的思考《ろんりてきしこう》に欠《か》かせない姿勢《しせい》だよ。広告《こうこく》のなかには、よく読《よ》むと「少《すこ》しおかしいかも？」という疑問《ぎもん》にぶつかるものもある。気《き》になったら、そのままにせず自分《じぶん》なりに調《しら》べてみよう。特《とく》にインターネット上《じょう》には、人《ひと》をだまそうとする広告《こうこく》がたくさんある。論理的思考《ろんりてきしこう》で「あやしい」広告《こうこく》に気付《きづ》ければ、自分《じぶん》の身《み》を守《まも》ることもできるんだよ。

STEP《ステップ》 2

因果関係《いんがかんけい》をつかもう

「因果関係《いんがかんけい》」は、原因《げんいん》とそれによって生《しょう》じる結果《けっか》のこと。
因果関係《いんがかんけい》を正《ただ》しくつかめるようになると、
思《おも》いこみや勘違《かんちが》いを防《ふせ》げるんだ。
「筋道《すじみち》を立《た》てて考《かんが》えること」を意識《いしき》して、問題《もんだい》を解《と》いてみよう！

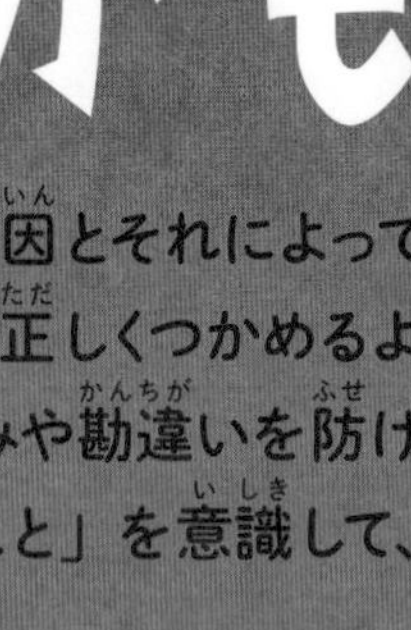

このSTEP《ステップ》の使《つか》い方《かた》・読《よ》み方《かた》

このSTEP《ステップ》で挑戦《ちょうせん》する問題《もんだい》は3種類《しゅるい》。86～95P《ページ》では「原因《げんいん》から結果《けっか》」を考《かんが》え、96～103P《ページ》では「結果《けっか》から原因《げんいん》」を考《かんが》え、104～113P《ページ》では文《ぶん》章《しょう》のなかから「因果関係《いんがかんけい》が成《な》り立《た》っている一文《いちぶん》」を探《さが》し出《だ》すよ。

2コママンガ

因果関係《いんがかんけい》がわかりやすいように、2コママンガにしてあるよ。

問題《もんだい》

そのページでなにを考《かんが》えればいいのか説明《せつめい》しているよ。

解説《かいせつ》

考《かんが》え方《かた》のヒントや覚《おぼ》えてほしいことを解説《かいせつ》したよ。

答《こた》え

問題《もんだい》の答《こた》えが書《か》いてあるよ。

ノートの内容《ないよう》

ノートに書《か》いてある文章《ぶんしょう》をじっくり読《よ》んで、答《こた》えを導《みちび》き出《だ》そう。

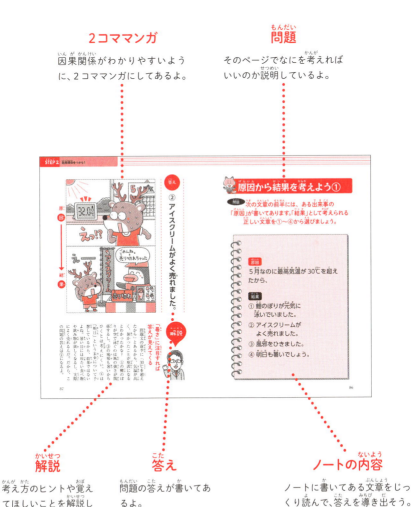

原因《げんいん》から結果《けっか》を考《かんが》えよう①

問題《もんだい》 次《つぎ》の文章《ぶんしょう》の前半《ぜんはん》には、ある出来事《できごと》の「原因《げんいん》」が書《か》いてあります。「結果《けっか》」として考《かんが》えられる正《ただ》しい文章《ぶんしょう》を①～④から選《えら》びましょう。

原因《げんいん》

5月《がつ》なのに最高気温《さいこうきおん》が 30℃《ドシー》を超《こ》えたから、

結果《けっか》

① 鯉《こい》のぼりが元気《げんき》に泳《およ》いでいました。

② アイスクリームがよく売《う》れました。

③ 風邪《かぜ》をひきました。

④ 明日《あした》も暑《あつ》いでしょう。

原《げん》因《いん》→結《けっ》果《か》

答《こた》え

② アイスクリームがよく売《う》れました。

解説《かいせつ》

「暑《あつ》さ」に注目《ちゅうもく》すれば答《こた》えが見《み》えてくる

問題文《もんだいぶん》の前半《ぜんはん》に「30℃《ドシー》を超《こ》えたから」とあるから、気温《きおん》が高《たか》く、暑《あつ》かったことが原因《げんいん》になるとわかったかな？　①の鯉《こい》のぼりが空《そら》で泳《およ》ぐのは風《かぜ》の強《つよ》さが関《かん》係《けい》するし、③の風邪《かぜ》も暑《あつ》いからひくとは考《かんが》えにくい。④は「明日《あした》」という未来《みらい》について予《よ》想《そう》しているから、結果《けっか》ではないよね。暑《あつ》い日《ひ》には冷《つめ》たい食《た》べ物《もの》や飲《の》み物《もの》が欲《ほ》しくなるし、実際《じっさい》によく売《う》れるんだ。だから、この問題《もんだい》の答《こた》えは②になるよ。

原因《げんいん》から結果《けっか》を考《かんが》えよう②

問題《もんだい》 次《つぎ》の文章《ぶんしょう》の前半《ぜんはん》には、ある出来事《できごと》の「原因《げんいん》」が書《か》いてあります。「結果《けっか》」として考《かんが》えられる正《ただ》しい文章《ぶんしょう》を①〜④から選《えら》びましょう。

原因《げんいん》

天気予報《てんきよほう》で「今日《きょう》は雨《あめ》が降《ふ》る」と言《い》っていたので、

結果《けっか》

① 傘《かさ》を持《も》って登校《とうこう》しました。

② 遅刻《ちこく》しました。

③ 友達《ともだち》とケンカをしました。

④ あさっての遠足《えんそく》は延期《えんき》になるかもしれません。

原《げん》因《いん》 → 結《けっ》果《か》

答《こた》え

① 傘《かさ》を持《も》って登校《とうこう》しました。

解説《かいせつ》

原因《げんいん》と結果《けっか》を聞《き》いて「なるほど」と思《おも》える？

原因《げんいん》と結果《けっか》を聞《き》いて「なるほど」と誰《だれ》もが納得《なっとく》できるものは、因果関係《いんがかんけい》が成《な》り立《た》っていると言《い》えるよ。この問題《もんだい》ならば、①がそうだよね。②や③を結果《けっか》とするには、原因《げんいん》にもう少《すこ》し説明《せつめい》が必要《ひつよう》になってくる。たとえば②なら「天気予報《てんきよほう》で『今日《きょう》は雨《あめ》が降《ふ》る』と言《い》っていたのに傘《かさ》を忘《わす》れ、家《いえ》に取《と》りに帰《かえ》ったので」といった具合《ぐあい》だよ。④は未来《みらい》についての予測《よそく》なので、結果《けっか》には当《あ》てはまらないよ。

原因《げんいん》から結果《けっか》を考《かんが》えよう③

問題《もんだい》 次《つぎ》の文章《ぶんしょう》の前半《ぜんはん》には、ある出来事《できごと》の「原因《げんいん》」が書《か》いてあります。「結果《けっか》」として考《かんが》えられる正《ただ》しい文章《ぶんしょう》を①～④から選《えら》びましょう。

原因《げんいん》

今年《ことし》から毎日《まいにち》、家族全員《かぞくぜんいん》が牛乳《ぎゅうにゅう》を飲《の》むようになったので、

結果《けっか》

① 身長《しんちょう》が高《たか》くなりました。

② 歌《うた》が得意《とくい》になりました。

③ 食費《しょくひ》における牛乳代《ぎゅうにゅうだい》の割合《わりあい》が高《たか》くなりました。

④ ジュースを「おいしい」と感《かん》じなくなりました。

答《こた》え

③ 食費《しょくひ》における牛乳代《ぎゅうにゅうだい》の割合《わりあい》が高《たか》くなりました。

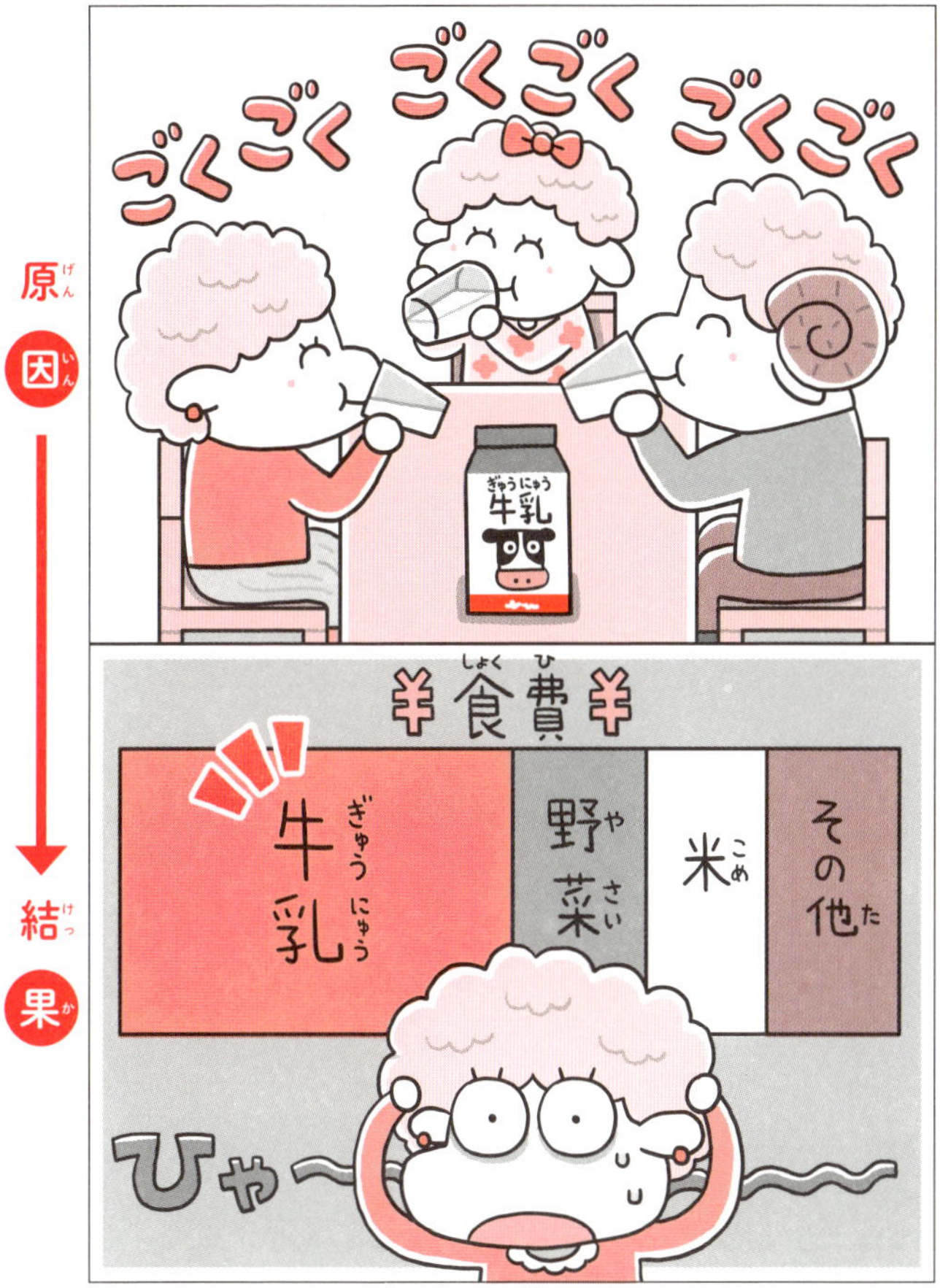

解説《かいせつ》

牛乳《ぎゅうにゅう》を飲《の》んで「確実《かくじつ》に起《お》きること」を選《えら》ぶ

因果関係《いんがかんけい》が成《な》り立《た》つためには、結果《けっか》が「確実《かくじつ》であること」が必要《ひつよう》とされるよ。身長《しんちょう》には栄養《えいよう》のほかに遺伝《いでん》や睡眠《すいみん》なども関係《かんけい》してくるから①は確実《かくじつ》ではないし、②の歌《うた》が得意《とくい》になるという効果《こうか》も証明《しょうめい》されていない。④の「おいしい」という感覚《かんかく》は人《ひと》それぞれだから、これも確実《かくじつ》とは言《い》えないね。家族全員《かぞくぜんいん》で毎日牛乳《まいにちぎゅうにゅう》を飲《の》めば、牛乳《ぎゅうにゅう》を買《か》うお金《かね》がより必要《ひつよう》になるのは確実《かくじつ》なことだから、正解《せいかい》は③になるね。

原因《げんいん》から結果《けっか》を考《かんが》えよう④

問題《もんだい》 次《つぎ》の文章《ぶんしょう》の前半《ぜんはん》には、ある出来事《できごと》の「原因《げんいん》」が書《か》いてあります。「結果《けっか》」として考《かんが》えられる正《ただ》しい文章《ぶんしょう》を①～④から選《えら》びましょう。

原因《げんいん》

チーターさんは世界最速《せかいさいそく》の動物《どうぶつ》だから、

結果《けっか》

① いつも堂々《どうどう》としています。

② 給食《きゅうしょく》を食《た》べるのも早《はや》いです。

③ 長距離走《ちょうきょりそう》が苦手《にがて》です。

④ 運動会《うんどうかい》の 50m《メートル》 競走《きょうそう》で 1 位《い》になりました。

原因《げんいん》
↓
結果《けっか》

答《こた》え

④ 運動会《うんどうかい》の50m《メートル》競走《きょうそう》で1位《い》になりました。

解説《かいせつ》

文章《ぶんしょう》に書《か》いてあることだけで考《かんが》えてみよう

動物《どうぶつ》にくわしい人《ひと》は、③が正《せい》解《かい》だと思《おも》ったかもしれないね。でもここは、原因《げんいん》の文章《ぶんしょう》に書《か》いてあることだけを材料《ざいりょう》に考《かんが》えてみよう。「チーターさんは世界《せかい》最速《さいそく》の動物《どうぶつ》」とあるだけで、苦《に》手分野《てぶんや》についてはなに説明《せつめい》していない。だから③は選《えら》べないよね。

さらに①も②も、チーターさんの足《あし》が速《はや》いことによって確実《かくじつ》に引《ひ》き起《お》こされる結果《けっか》だとは考《かんが》えられないから、正解《せいかい》は④のみになるんだよ。

原因《げんいん》から結果《けっか》を考《かんが》えよう⑤

問題《もんだい》 次《つぎ》の文章《ぶんしょう》の前半《ぜんはん》には、ある出来事《できごと》の「原因《げんいん》」が書《か》いてあります。「結果《けっか》」として考《かんが》えられる正《ただ》しい文章《ぶんしょう》を①～④から選《えら》びましょう。

原因《げんいん》

ペンギンさんは梅雨時《つゆどき》に生《う》まれたから、

結果《けっか》

① 自称雨男《じしょうあめおとこ》です。

② 雨《あめ》が苦手《にがて》です。

③ 誕生日《たんじょうび》は雨《あめ》になることが多《おお》いです。

④ 泳《およ》いで魚《さかな》を捕《つか》まえるのが得意《とくい》です。

原《げん》因《いん》

↓

結《けっ》果《か》

答《こた》え

③誕生日《たんじょうび》は雨《あめ》になることが多《おお》いです。

解説《かいせつ》

自然《しぜん》で確実《かくじつ》な「結果《けっか》」はどれだろう？

①の「雨男《あめおとこ》」は、出《で》かけたり行事《ぎょうじ》に参加《さんか》したりすると雨《あめ》が降《ふ》るといわれる男性《だんせい》のことだよ。でも、誰《だれ》かのせいで雨《あめ》が降《ふ》るなんてありえないよね。②と④に挙《あ》げられている得意《とくい》・苦手《にがて》と生《う》まれた季節《きせつ》は関係《かんけい》がないから、これらも不正解《ふせいかい》。梅雨時《つゆどき》に生《う》まれたならば毎年《まいとし》の誕生日《たんじょうび》も梅《つ》雨時《ゆどき》になり、その結果《けっか》、雨《あめ》になる場合《ばあい》が多《おお》いというのはごく自《し》然《ぜん》で確実《かくじつ》なこと。だから③は因《いん》果《が》関係《かんけい》が成《な》り立《た》つよ。

結果《けっか》から原因《げんいん》を考《かんが》えよう①

問題《もんだい》 次《つぎ》の文章《ぶんしょう》の前半《ぜんはん》には、ある出来事《できごと》の「結果《けっか》」が書《か》いてあります。「原因《げんいん》」として考《かんが》えられる正《ただ》しい文章《ぶんしょう》を①〜④から選《えら》びましょう。

結果《けっか》

大昔《おおむかし》の動物《どうぶつ》や植物《しょくぶつ》などが地中《ちちゅう》に保存《ほぞん》され、石《いし》になったものを「化石《かせき》」と呼《よ》びます。恐竜《きょうりゅう》の化石《かせき》が発見《はっけん》されるのは、

原因《げんいん》

① 日本《にほん》が島国《しまぐに》だからです。

② ユーラシア大陸《たいりく》が広《ひろ》いからです。

③ 恐竜《きょうりゅう》が100年前《ねんまえ》に絶滅《ぜつめつ》したからです。

④ 大昔《おおむかし》の地球《ちきゅう》に恐竜《きょうりゅう》が生《い》きていたからです。

結《けっ》果《か》

原《げん》因《いん》

答《こた》え

④ 大昔《おおむかし》の地球《ちきゅう》に恐竜《きょうりゅう》が生《い》きていたからです。

解説《かいせつ》

化石《かせき》になるためにはたくさんの時間《じかん》が必要《ひつよう》

この問題《もんだい》からは考《かんが》え方《かた》を逆転《ぎゃくてん》させて、「結果《けっか》」から「原因《げんいん》」を考《かんが》えていこう。「結果《けっか》」の文《ぶん》章《しょう》では、化石《かせき》が発見《はっけん》される地域《ちいき》について特《とく》に書《か》いていないから①と②は不正解《ふせいかい》。恐竜《きょうりゅう》は100年前《ねんまえ》に絶滅《ぜつめつ》していないし、化石《かせき》になった原因《げんいん》は「絶滅《ぜつめつ》」ではないから③も不正解《ふせいかい》だ。実際《じっさい》には6600万年前《まんねんまえ》に恐竜《きょうりゅう》のほとんどが絶滅《ぜつめつ》してしまったけれど、一部《いちぶ》は鳥類《ちょうるい》に進化《しんか》したとされているよ。

結果《けっか》から原因《げんいん》を考《かんが》えよう②

問題《もんだい》 次《つぎ》の文章《ぶんしょう》の前半《ぜんはん》には、ある出来事《できごと》の「結果《けっか》」が書《か》いてあります。「原因《げんいん》」として考《かんが》えられる正《ただ》しい文章《ぶんしょう》を①〜④から選《えら》びましょう。

結果《けっか》

タヌキさんとイタチさんの妹《いもうと》が
弓型《ゆみがた》のシーソーで
つり合《あ》っているのは、

原因《げんいん》

① とても仲良《なかよ》しだからです。

② 同《おな》じ年齢《ねんれい》だからです。

③ 体重《たいじゅう》が同《おな》じだからです。

④ 双子《ふたご》だからです。

答《こた》え

③ 体重《たいじゅう》が同《おな》じだからです。

解説《かいせつ》

つり合《あ》うかどうかはなにで決《き》まる?

シーソーは重《おも》い方《ほう》が下《さ》がって軽《かる》い方《ほう》が上《あ》がる仕組《しく》みになっているから、体重《たいじゅう》でつり合《あ》うかどうかが決《き》まるよね。だから③以《い》外《がい》は不《ふ》正《せい》解《かい》になるよ。この問題《もんだい》は座《すわ》る場所《ばしょ》が1つしかない弓型《ゆみがた》のシーソーだけれど、板状《いたじょう》のシーソーは「てこの原理《げんり》」がはたらいて座《すわ》る位置《いち》によってつり合《あ》いが変化《へんか》する。だから体重《たいじゅう》が同《おな》じでも必《かなら》ずつり合《あ》うとは限《かぎ》らないし、体重《たいじゅう》が違《ちが》ってもつり合《あ》う場合《ばあい》があるよ。

結果《けっか》から原因《げんいん》を考《かんが》えよう③

問題《もんだい》 次《つぎ》の文章《ぶんしょう》の前半《ぜんはん》には、ある出来事《できごと》の「結果《けっか》」が書《か》いてあります。「原因《げんいん》」として考《かんが》えられる正《ただ》しい文章《ぶんしょう》を①～④から選《えら》びましょう。

結果《けっか》

外《そと》に出《だ》していたバケツの水《みず》が凍《こお》ったのは、

原因《げんいん》

① 冬《ふゆ》が始《はじ》まった合図《あいず》です。

② 気温《きおん》が氷点下《ひょうてんか》まで下《さ》がったからです。

③ 今年《ことし》2回目《かいめ》です。

④ バケツにたくさん水《みず》を入《い》れていたからです。

答《こた》え

② 気温《きおん》が氷点下《ひょうてんか》まで下《さ》がったからです。

解説《かいせつ》

ピタリとはまった因果関係《いんがかんけい》は論理的《ろんりてき》

因果関係《いんがかんけい》の原因《げんいん》は「なにが起《お》きたんだろう?」と時間《じかん》をさかのぼって考《かんが》えよう。水《みず》が凍《こお》るのは温度《おんど》が0℃《ドシー》以下《いか》になったときだから、②が正解《せいかい》だね。①も③も④も、「水《みず》が凍《こお》る」という現象《げんしょう》の原因《げんいん》にはならないから不正解《ふせいかい》だよ。

たとえるならば、因果関係《いんがかんけい》は上下《じょうげ》セットの洋服《ようふく》のようなもの。「原因《げんいん》」と「結果《けっか》」がぴたりとはまると論理的《ろんりてき》だし、とてもスッキリするんだよ。

結果《けっか》から原因《げんいん》を考《かんが》えよう④

問題《もんだい》 次《つぎ》の文章《ぶんしょう》の前半《ぜんはん》には、ある出来事《できごと》の「結果《けっか》」が書《か》いてあります。「原因《げんいん》」として考《かんが》えられる正《ただ》しい文章《ぶんしょう》を①～④から選《えら》びましょう。

結果《けっか》

ネコさんが学校《がっこう》に遅刻《ちこく》したのは、

原因《げんいん》

① 朝寝坊《あさねぼう》したからです。

② ゲーム好《ず》きだからです。

③ 寝耳《ねみみ》に水《みず》でした。

④ 残念《ざんねん》な出来事《できごと》でした。

答《こた》え

① 朝《あさ》寝《ね》坊《ぼう》したからです。

解説《かいせつ》

自分《じぶん》の考《かんが》えを勝手《かって》に付《つ》け足《た》さない

「ゲーム好《ず》きなら、夜遅《よるおそ》くまでゲームをするはず。だから朝《あさ》寝坊《ねぼう》して遅刻《ちこく》したんだ」と考《かんが》えて、②を選《えら》んだ人《ひと》はいないかな。筋道《すじみち》が通《とお》っているように感《かん》じるかもしれないけれど、②を正解《せいかい》にするとゲームを好《す》きな人全員《ひとぜんいん》が遅刻《ちこく》することになるよね。「結果《けっか》」と「原因《げんいん》」の間《あいだ》に自《じ》分《ぶん》なりの考《かんが》えを付《つ》け足《た》すと、勘《かん》違《ちが》いを生《う》み出《だ》す可能性《かのうせい》があるから気《き》を付《つ》けよう。③と④は遅刻《ちこく》に対《たい》する感想《かんそう》だから不正解《ふせいかい》だよ。

文章《ぶんしょう》から因果関係《いんがかんけい》を見《み》つけよう①

問題《もんだい》

次《つぎ》の文章《ぶんしょう》のなかから、因果関係《いんがかんけい》が成《な》り立《た》っている一文《いちぶん》を抜《ぬ》き出《だ》しましょう。

　今日《きょう》、私《わたし》は家族《かぞく》でキャンプ場《じょう》に行《い》きました。私《わたし》と姉《あね》は近《ちか》くの川《かわ》で水遊《みずあそ》びをして過《す》ごしました。お父《とう》さんは得意料理《とくいりょうり》のニンジンカレーを作《つく》ってくれました。ニンジンがゴロゴロ入《はい》っていました。

　夕方《ゆうがた》になると雨《あめ》が降《ふ》り始《はじ》めたため、川《かわ》の水《みず》の量《りょう》が急《きゅう》に増《ふ》えました。その様子《ようす》を見《み》ていたお母《かあ》さんが「こわいね」と言《い》いました。

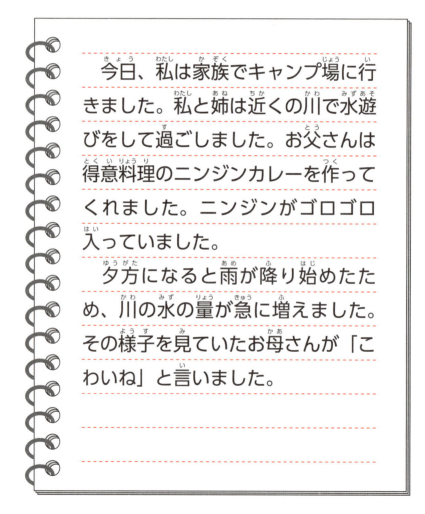

原因《げんいん》
↓
結果《けっか》

答《こた》え

夕方《ゆうがた》になると雨《あめ》が降《ふ》り始《はじ》めたため、川《かわ》の水《みず》の量《りょう》が急《きゅう》に増《ふ》えました。

解説《かいせつ》

「つなぎの言葉《ことば》」を鍵《かぎ》に因果関係《いんがかんけい》を見《み》つけよう

ここからは「因果関係《いんがかんけい》が成《な》り立《た》っている文章《ぶんしょう》」を見《み》つけるトレーニングをしていくよ。

鍵《かぎ》になるのは、文《ぶん》と文《ぶん》、言葉《ことば》と言葉《ことば》を結《むす》び付《つ》けている「つなぎの言葉《ことば》（接続詞《せつぞくし》）」だ。先《さき》に原因《げんいん》を述《の》べてから結果《けっか》を述《の》べる場合《ばあい》は、原因《げんいん》の後《うし》ろに「〜ため」や「〜から」「〜ので」などのつなぎの言葉《ことば》がくっつくよ。

この問題《もんだい》の答《こた》えも「夕方《ゆうがた》になると雨《あめ》が降《ふ》り始《はじ》めたため」となっているよね。

文章《ぶんしょう》から因果関係《いんがかんけい》を見《み》つけよう②

問題《もんだい》

**次《つぎ》の文章《ぶんしょう》のなかから、
因果関係《いんがかんけい》が成《な》り立《た》っている一文《いちぶん》を
抜《ぬ》き出《だ》しましょう。**

「赤《あか》くてすっぱい食《た》べ物《もの》」と聞《き》いてなにを思《おも》い浮《う》かべるでしょうか。そう、ウメの果実《かじつ》を漬《つ》けたウメボシですよね。

ウメボシには酸味《さんみ》のもとになるクエン酸《さん》が含《ふく》まれているため、食《た》べるとすっぱさを感《かん》じます。クエン酸《さん》には体《からだ》の疲《つか》れを取《と》ったり、食《た》べ物《もの》の消《しょう》化《か》を助《たす》けたりするはたらきがあります。

答《こた》え

ウメボシには酸味《さんみ》のもとになるクエン酸《さん》が含《ふく》まれているため、食《た》べるとすっぱさを感《かん》じます。

解説《かいせつ》

理科《りか》の勉強《べんきょう》でも因果関係《いんがかんけい》は大切《たいせつ》

この問題《もんだい》の答《こた》えも、原因《げんいん》と結《けっ》果《か》を結《むす》び付《つ》ける「〜ため」に注《ちゅう》目《もく》するとすぐに見《み》つかるね。

因果関係《いんがかんけい》をつかめるようになると、理科《りか》の勉強《べんきょう》がグンと楽《たの》しくなるよ。なぜなら理科《りか》は、自《し》然界《ぜんかい》で起《お》こる現象《げんしょう》の原因《げんいん》と結果《けっか》を解《と》き明《あ》かす学問《がくもん》だからね。

だからこそ、ただ現象《げんしょう》の名前《なまえ》を丸暗記《まるあんき》するのではなく、その現象《げんしょう》を引《ひ》き起《お》こす原因《げんいん》もセットにして覚《おぼ》えるようにしよう。

文章《ぶんしょう》から因果関係《いんがかんけい》を見《み》つけよう③

問題《もんだい》

次《つぎ》の文章《ぶんしょう》のなかから、因果関係《いんがかんけい》が成《な》り立《た》っている一文《いちぶん》を抜《ぬ》き出《だ》しましょう。

　奈良《なら》県《けん》奈良《なら》市《し》にある東大寺《とうだいじ》の大仏《だいぶつ》の大《おお》きさは、台座《だいざ》を含《ふく》めると高《たか》さ18m《メートル》にも及《およ》びます。大仏《だいぶつ》は752年《ねん》に完成《かんせい》しましたが、現在《げんざい》も残《のこ》っている建立当時《こんりゅうとうじ》の部分《ぶぶん》は台座《だいざ》などの一部《いちぶ》だけです。

　奈良《なら》の大仏《だいぶつ》は、当時《とうじ》の天皇《てんのう》であった聖武天皇《しょうむてんのう》の命令《めいれい》により建立《こんりゅう》されました。聖武天皇《しょうむてんのう》が仏教《ぶっきょう》の力《ちから》を借《か》りて不安定《ふあんてい》な世《よ》の中《なか》を治《おさ》めようとしたため、大仏《だいぶつ》はつくられたのです。

答《こた》え

聖武天皇《しょうむてんのう》が仏教《ぶっきょう》の力《ちから》を借《か》りて不安定《ふあんてい》な世《よ》の中《なか》を治《おさ》めようとしたため、大仏《だいぶつ》はつくられたのです。

解説《かいせつ》

歴史《れきし》の流《なが》れは因果関係《いんがかんけい》でつかもう

最後《さいご》の文章《ぶんしょう》以外《いがい》は原因《げんいん》も結果《けっか》も書《か》いていないということに気付《きづ》けたかな。聖武天皇《しょうむてんのう》が仏教《ぶっきょう》を広《ひろ》めようとした（原因《げんいん》）から、奈良《なら》の大仏《だいぶつ》ができた（結果《けっか》）んだね。歴史上《れきしじょう》の出来事《できごと》は、必《かなら》ずなんらかの原因《げんいん》があって起《お》きている。そしてその出来事《できごと》は、もっとあとの時代《じだい》の出来事《できごと》に影響《えいきょう》を与《あた》えているんだ。

歴史《れきし》の流《なが》れを「因果関係《いんがかんけい》」に気《き》を付《つ》けながらつかむようにすると、理解《りかい》が深《ふか》まるよ。

文章《ぶんしょう》から因果関係《いんがかんけい》を見《み》つけよう④

問題《もんだい》

**次《つぎ》の文章《ぶんしょう》のなかから、
因果関係《いんがかんけい》が成《な》り立《た》っている一文《いちぶん》を
抜《ぬ》き出《だ》しましょう。**

かつての人々《ひとびと》は「天動説《てんどうせつ》」を信《しん》じていました。地球《ちきゅう》は宇宙《うちゅう》の中心《ちゅうしん》で静止《せいし》していて、太陽《たいよう》やほかの星々《ほしぼし》がその周囲《しゅうい》を回《まわ》っているという考《かんが》え方《かた》です。しかし、地球《ちきゅう》が太陽《たいよう》の周囲《しゅうい》を回《まわ》っているとする「地動説《ちどうせつ》」が真実《しんじつ》だと唱《とな》える人物《じんぶつ》が出現《しゅつげん》しました。16 世紀《せいき》の天文学者《てんもんがくしゃ》・コペルニクスです。彼《かれ》は正確《せいかく》な天体観《てんたいかん》測《そく》を繰《く》り返《かえ》したので、天動説《てんどうせつ》では天体《てんたい》の動《うご》きの説明《せつめい》がつかないと気付《きづ》いたのです。その後《ご》、地動説《ちどうせつ》は多《おお》くの科学者《かがくしゃ》たちの活躍《かつやく》によって証明《しょうめい》されました。

答《こた》え

彼《かれ》は正確《せいかく》な天体観測《てんたいかんそく》を繰《く》り返《かえ》したので、天動説《てんどうせつ》では天体《てんたい》の動《うご》きの説明《せつめい》がつかないと気付《きづ》いたのです。

解説《かいせつ》

1つの文《ぶん》を2つに書《か》き換《か》えるとしたら？

原因《げんいん》と結果《けっか》を結《むす》び付《つ》ける「～ので」に気付《きづ》くことができたかな。このSTEP《ステップ》では因果関係《いんがかんけい》が成《な》り立《た》っている一文《いちぶん》を抜《ぬ》き出《だ》しているけれど、2つの文章《ぶんしょう》に書《か》き換《か》えるとどうなるだろう。正解《せいかい》は「彼《かれ》は正確《せいかく》な天体観測《てんたいかんそく》を繰《く》り返《かえ》した。だから、天動説《てんどうせつ》では天体《てんたい》の動《うご》きの説明《せつめい》がつかないと気付《きづ》いた」だね。2つの文《ぶん》章《しょう》に分《わ》けて原因《げんいん》→結果《けっか》を述《の》べるときには、「だから」「それゆえ」などを使《つか》うよ。

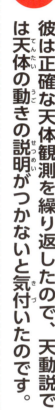

文章《ぶんしょう》から因果関係《いんがかんけい》を見《み》つけよう⑤

問題《もんだい》

次《つぎ》の文章《ぶんしょう》のなかから、因果関係《いんがかんけい》が成《な》り立《た》っている一文《いちぶん》を抜《ぬ》き出《だ》しましょう。

風邪《かぜ》をひくと、たいていの場合《ばあい》は熱《ねつ》が出《で》ます。熱《ねつ》が出《で》るのは体《からだ》の中《なか》の免疫細胞《めんえきさいぼう》が、風邪《かぜ》の原因《げんいん》となるウイルスと戦《たたか》っている証拠《しょうこ》です。免疫細《めんえきさい》胞《ぼう》は体温《たいおん》が高《たか》い方《ほう》が活発《かっぱつ》になるため、脳《のう》が「熱《ねつ》を出《だ》せ」という命令《めいれい》を出《だ》すのです。風邪《かぜ》のときに無理《むり》は禁《きん》物《もつ》。体《からだ》を暖《あたた》めたり、消化《しょうか》しやすい食《た》べ物《もの》を食《た》べたりしつつゆっくり休《やす》みましょう。

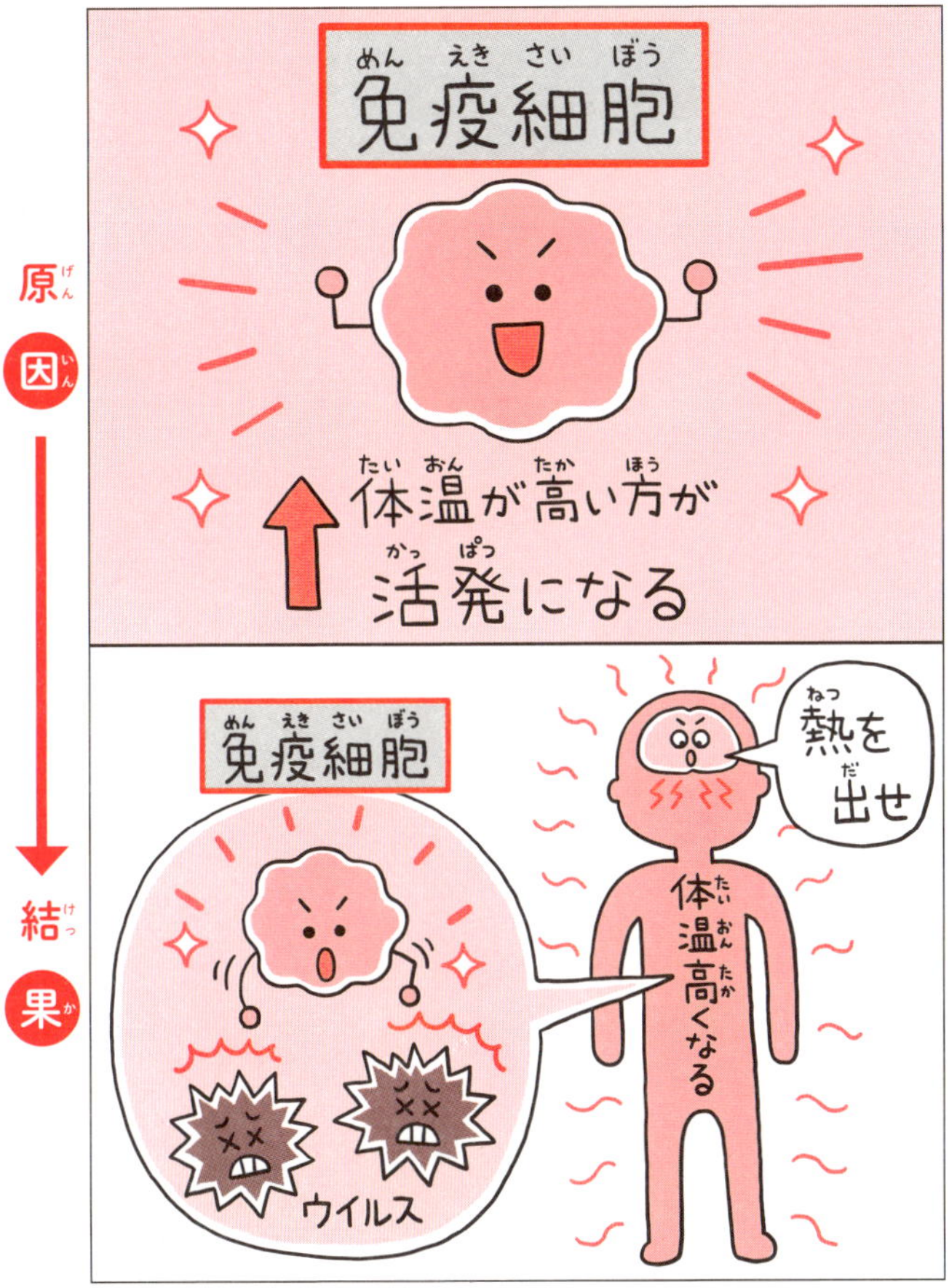

答《こた》え

免疫細胞《めんえきさいぼう》は体温《たいおん》が高《たか》い方《ほう》が活発《かっぱつ》になるため、脳《のう》が「熱《ねつ》を出《だ》せ」という命令《めいれい》を出《だ》すのです。

解説《かいせつ》

身《み》のまわりの「なぜ？」を調《しら》べてみよう

「風邪《かぜ》をひくと熱《ねつ》が出《で》る」のは当《あ》たり前《まえ》のこと。だけど「理《り》由《ゆう》を説明《せつめい》してみて」と言《い》われてもできない場合《ばあい》が多《おお》いよね。それは、知《し》っているだけで理解《りかい》はしていないからなんだ。身《み》のまわりに「なぜ？」と思《おも》うことを見《み》つけたら、そのままにせずに調《しら》べてみよう。原因《げんいん》と結果《けっか》をセットにして説明《せつめい》できるようになれば文句《もんく》なし。「知《し》っている」ではなく「理解《りかい》している」にレベルアップしたことになるよ。

STEP《ステップ》 3

主観《しゅかん》と客観《きゃっかん》を理解《りかい》しよう

ここでは、自分《じぶん》の考《かんが》えや判断《はんだん》をもとにした「主観的《しゅかんてき》な見方《みかた》」と
ありのままの事実《じじつ》や公正《こうせい》・公平《こうへい》な判断《はんだん》をもとにした
「客観的《きゃっかんてき》な見方《みかた》」の2種類《しゅるい》を覚《おぼ》えよう。
それぞれを理解《りかい》し区別《くべつ》できるようになると、
説明《せつめい》する力《ちから》がグンとアップするよ。

この STEP《ステップ》の使《つか》い方《かた》・読《よ》み方《かた》

自分《じぶん》が思《おも》ったことや感《かん》じたことである「主観《しゅかん》」と、多《おお》くの人《ひと》が納得《なっとく》できる事実《じじつ》や考《かんが》えである「客観《きゃっかん》」を区別《くべつ》できるようになるのが、この STEP《ステップ》の目《もく》標《ひょう》だよ。

会話《かいわ》と発言《はつげん》

タヌキさんとキツネさんの発言《はつげん》を読《よ》んで、主観的《しゅかんてき》な見方《みかた》と客観的《きゃっかんてき》な見方《みかた》を抜《ぬ》き出《だ》そう。

タイトル&《アンド》チャレンジ

そのページで取《と》り上《あ》げる話題《わだい》について書《か》いてあるよ。

主観的《しゅかんてき》&《アンド》客観的《きゃっかんてき》

ここを読《よ》んで、答《こた》え合《あ》わせをしよう。

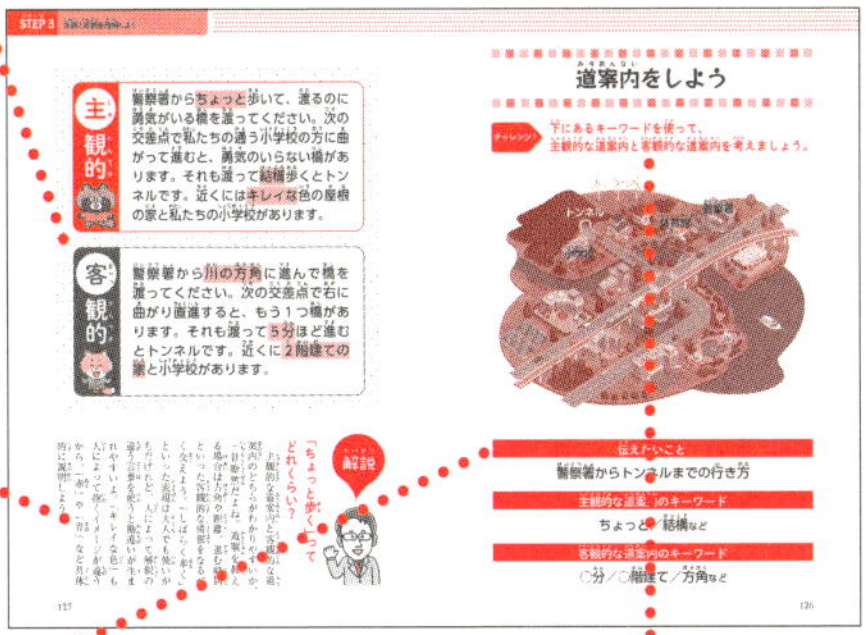

解説《かいせつ》

主観《しゅかん》と客観《きゃっかん》の解説《かいせつ》に加《くわ》えて、人《ひと》になにかを説明《せつめい》するときに心《こころ》がけたいポイントなども書《か》いてあるよ。

伝《つた》えたいこととキーワード

キーワードをうまく使《つか》って伝《つた》えてみよう。

タイトル&《アンド》チャレンジ

126～143P《ページ》は発展編《はってんへん》。主観《しゅかん》と客観《きゃっかん》を意識《いしき》して、自分《じぶん》なりに言葉《ことば》（セリフ）を考《かんが》えるよ。口《くち》で言《い》うだけでなく文章《ぶんしょう》に書《か》いてもいいね！

「浦島太郎《うらしまたろう》」について

チャレンジ！

次《つぎ》の会話《かいわ》を読《よ》んで、主観的《しゅかんてき》な発言《はつげん》と客観的《きゃっかんてき》な発言《はつげん》をそれぞれ抜《ぬ》き出《だ》しましょう。

浦島太郎《うらしまたろう》は、助《たす》けた亀《かめ》に連《つ》れられて竜宮城《りゅうぐうじょう》へ行《い》くんだよね。

そうそう、そして乙姫様《おとひめさま》や魚《さかな》たちと過《す》ごすんだ。
だけど、玉手箱《たまてばこ》を開《あ》けておじいさんになっちゃうのはかわいそう。

主観的《しゅかんてき》

- 玉手箱《たまてばこ》を開《あ》けておじいさんになっちゃうのはかわいそう

客観的《きゃっかんてき》

- 浦島太郎《うらしまたろう》は、助《たす》けた亀《かめ》に連《つ》れられて竜宮城《りゅうぐうじょう》へ行《い》く
- 乙姫様《おとひめさま》や魚《さかな》たちと過《す》ごす

解説《かいせつ》

人《ひと》それぞれの感想《かんそう》は「主観《しゅかん》」の代表選手《だいひょうせんしゅ》

「かわいそう」という意見《いけん》がキツネさんの主観的《しゅかんてき》な発言《はつげん》だとピンと来《き》たかな？ 物語《ものがたり》や出来事《できごと》の結末《けつまつ》に対《たい》して抱《いだ》く感想《かんそう》は、人《ひと》によって違《ちが》うよね。こういった「その人《ひと》なりの見方《みかた》・考《かんが》え」こそが主観《しゅかん》なんだ。一方《いっぽう》、誰《だれ》かの考《かんが》えが入《はい》り込《こ》む余地《よち》のない、「浦島太郎《うらしまたろう》」の話《はなし》の筋《すじ》は客観的《きゃっかんてき》な発言《はつげん》になるよ。「かわいそう」のように感情《かんじょう》にまつわる表現《ひょうげん》が出《で》てきたら、「主観的《しゅかんてき》な意見《いけん》だ」と頭《あたま》の片隅《かたすみ》に思《おも》い浮《う》かべよう。

パン屋《や》さんについて

チャレンジ！

次《つぎ》の発言《はつげん》を読《よ》んで、主観的《しゅかんてき》な情報《じょうほう》と客観的《きゃっかんてき》な情報《じょうほう》をそれぞれ抜《ぬ》き出《だ》しましょう。

駅前《えきまえ》にパン屋《や》さんがオープンしたんだよ。
お店《みせ》のホームページを見《み》たら、
クリームパンがとてもおいしそうだった。
絶対《ぜったい》に人気《にんき》が出《で》るから、
今《いま》のうちに食《た》べておいた方《ほう》がいいよ。

主観的《しゅかんてき》

- クリームパンがとてもおいしそう
- 絶対《ぜったい》に人気《にんき》が出《で》るから、今《いま》のうちに食《た》べておいた方《ほう》がいい

客観的《きゃっかんてき》

- 駅前《えきまえ》にパン屋《や》さんがオープンした

解説《かいせつ》

「こうなりそう」という予想《よそう》も主観的《しゅかんてき》な意見《いけん》

「おいしそう」は新《あたら》しいパン屋《や》さんに対《たい》するタヌキさんなりの見方《みかた》だから、主観的《しゅかんてき》な発言《はつげん》だね。「絶対《ぜったい》に人気《にんき》が出《で》る」「今《いま》のうちに食《た》べておいた方《ほう》がいい」も、タヌキさんの予想《よそう》と感想《かんそう》であって事実《じじつ》ではないから主観的《しゅかんてき》。タヌキさんのように、個人的《こじんてき》な考《かんが》えを「絶対《ぜったい》」のような強《つよ》い言葉《ことば》と一緒《いっしょ》に提案《ていあん》すると、「意見《いけん》を押《お》し付《つ》けられている」と感《かん》じる人《ひと》もいるよ。伝《つた》え方《かた》には気《き》を付《つ》けたいね。

今日《きょう》の天気《てんき》について

チャレンジ！

次《つぎ》の会話《かいわ》を読《よ》んで、主観的《しゅかんてき》な発言《はつげん》と客観的《きゃっかんてき》な発言《はつげん》をそれぞれ抜《ぬ》き出《だ》しましょう。

いかにも夏《なつ》って感《かん》じの天気《てんき》だね。
気温《きおん》が38℃《ドシー》を超《こ》えたから、
今日《きょう》は猛暑日《もうしょび》だね。

まさに、雲《くも》1つない日本晴《にほんば》れだね。
日差《ひざ》しがまぶしくて、
ちょっとつらいな。

主《しゅ》観《かん》的《てき》

- いかにも夏《なつ》って感《かん》じの天気《てんき》
- 日差《ひざ》しがまぶしくて、ちょっとつらい

客《きゃっ》観《かん》的《てき》

- 気温《きおん》が 38℃《ドシー》を超《こ》えたから、今日《きょう》は猛暑日《もうしょび》
- 雲《くも》1つない日本晴《にほんば》れ

解説《かいせつ》

天気《てんき》が「より伝《つた》わる」のはどちらの情報《じょうほう》？

物事《ものごと》は客観的《きゃっかんてき》な情報《じょうほう》を交《まじ》えた方《ほう》がより正確《せいかく》に伝《つた》わるんだ。たとえば天気予報《てんきよほう》で「私《わたし》にはちょうどいい天気《てんき》です」と主観的《しゅかんてき》な感想《かんそう》だけを気象予報士《きしょうよほうし》が言《い》ったとしたら、晴《は》れなのかくもりなのか、暑《あつ》いのか寒《さむ》いのかもわからず困《こま》るよね。だから実際《じっさい》は、温度《おんど》や湿度《しつど》、降水確率《こうすいかくりつ》などの客《きゃっ》観的《かんてき》な事実《じじつ》も加《くわ》えて天気《てんき》を伝《つた》えるんだ。ちなみに「猛暑日《もうしょび》」は、1日《にち》の最高気温《さいこうきおん》が35℃《ドシー》を上回《うわまわ》る日《ひ》を意味《いみ》するよ。

東京《とうきょう》スカイツリーについて

チャレンジ！ 次《つぎ》の会話《かいわ》を読《よ》んで、主観的《しゅかんてき》な発言《はつげん》と客観的《きゃっかんてき》な発言《はつげん》をそれぞれ抜《ぬ》き出《だ》しましょう。

東京《とうきょう》スカイツリーは世界一高《せかいいちたか》い
電波塔《でんぱとう》で、高《たか》さは634m《メートル》 だよ。
地上《ちじょう》 350m《メートル》 の位置《いち》には
展望《てんぼう》デッキがあるんだよ。

展望《てんぼう》デッキに上《のぼ》ったら
すごく高《たか》くてドキドキしたな。
「東京《とうきょう》スカイツリー」という名前《なまえ》も
ステキだよね。

主《しゅ》観《かん》的《てき》

- 展望《てんぼう》デッキに上《のぼ》ったらすごく高《たか》くてドキドキした
- 「東京《とうきょう》スカイツリー」という名前《なまえ》もステキ

客《きゃっ》観《かん》的《てき》

- 世界一高《せかいいちたか》い電波塔《でんぱとう》で、高《たか》さは634m《メートル》
- 地上《ちじょう》350m《メートル》の位置《いち》には展望《てんぼう》デッキがある

解説《かいせつ》

説明《せつめい》は客観的《きゃっかんてき》に 感想《かんそう》は主観的《しゅかんてき》に

東京《とうきょう》スカイツリーについて、タヌキさんは客観的《きゃっかんてき》な情報《じょうほう》だけを、キツネさんは主観的《しゅかんてき》な情報《じょうほう》だけを話《はな》しているね。改《あらた》めて上《うえ》に抜《ぬ》き出《だ》した情報《じょうほう》を読《よ》むと、タヌキさんの発言《はつげん》は「東京《とうきょう》スカイツリーの説明《せつめい》」になっていて、キツネさんの発言《はつげん》は「東京《とうきょう》スカイツリーに対《たい》する感想《かんそう》」になっているとわかるかな。このように物事《ものごと》の説明《せつめい》は客観的《きゃっかんてき》事実《じじつ》、感《かん》想《そう》は主観的《しゅかんてき》な考《かんが》えを中心《ちゅうしん》にするのが適切《てきせつ》なんだよ。

新聞《しんぶん》の表現《ひょうげん》について

チャレンジ！　次《つぎ》の新聞記事《しんぶんきじ》から、主観的《しゅかんてき》な文章《ぶんしょう》の終《お》わり方《かた》と客観的《きゃっかんてき》な文章《ぶんしょう》の終《お》わり方《かた》をそれぞれ抜《ぬ》き出《だ》しましょう。

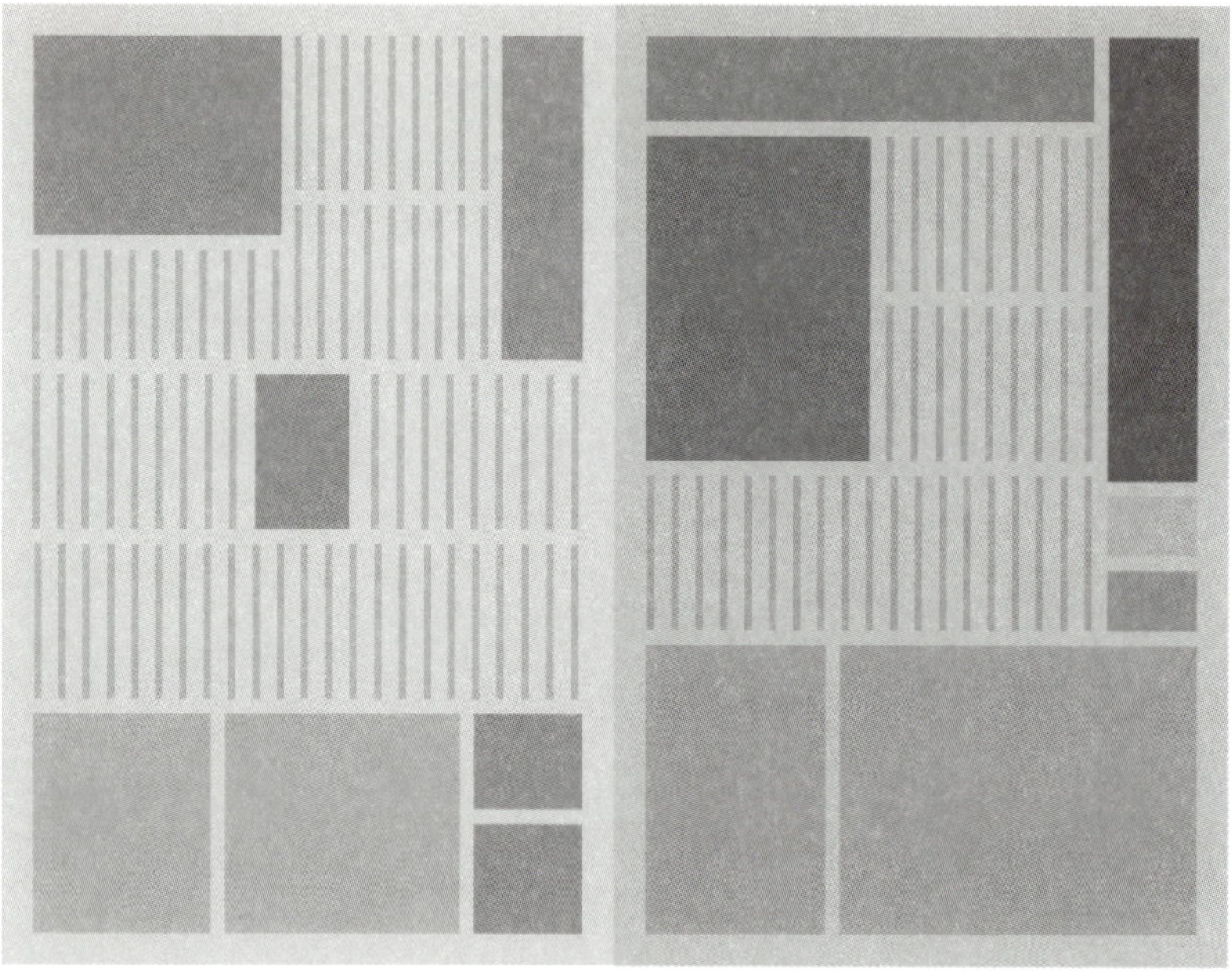

気象庁《きしょうちょう》によると、9月《がつ》22日《にち》午後《ごご》3時《じ》、台風《たいふう》18号《ごう》は温帯低気圧《おんたいていきあつ》に変《か》わりました。

今回《こんかい》の選挙《せんきょ》で当選《とうせん》したシロクマ市長《しちょう》には、より良《よ》い政治《せいじ》を行《おこな》うことを期待《きたい》します。

主《しゅ》観《かん》的《てき》

・より良《よ》い政治《せいじ》を行《おこな》うことを期待《きたい》します

客《きゃっ》観《かん》的《てき》

・台風《たいふう》 18 号《ごう》は
温帯低気圧《おんたいていきあつ》に変《か》わりました

解説《かいせつ》

新聞《しんぶん》には客観的《きゃっかんてき》な事実《じじつ》しか書《か》いていない!?

新聞《しんぶん》には主《おも》に、実際《じっさい》に起《お》きたニュースをはじめとする事実《じじつ》が書《か》かれている。けれども、事実《じじつ》ばかりで構成《こうせい》されているわけではないんだ。なかには、新聞記《しんぶんき》者《しゃ》の主観的《しゅかんてき》な考《かん》えが示《しめ》されている記事《きじ》もあるよ。さらに、政治《せいじ》や経済《けいざい》などに対《たい》する新聞社独自《しんぶんしゃどくじ》の考《かんが》え方《かた》が「社説欄《しゃせつらん》」に書《か》いてある。記事《きじ》に書《か》いてあるのは客《きゃっ》観的《かんてき》な事実《じじつ》なのか主観的《しゅかんてき》な意見《いけん》なのか、文章表現《ぶんしょうひょうげん》に注意《ちゅうい》して見分《みわ》けられるようになろう。

道案内《みちあんない》をしよう

チャレンジ！ 下《した》にあるキーワードを使《つか》って、主観的《しゅかんてき》な道案内《みちあんない》と客観的《きゃっかんてき》な道案内《みちあんない》を考《かんが》えましょう。

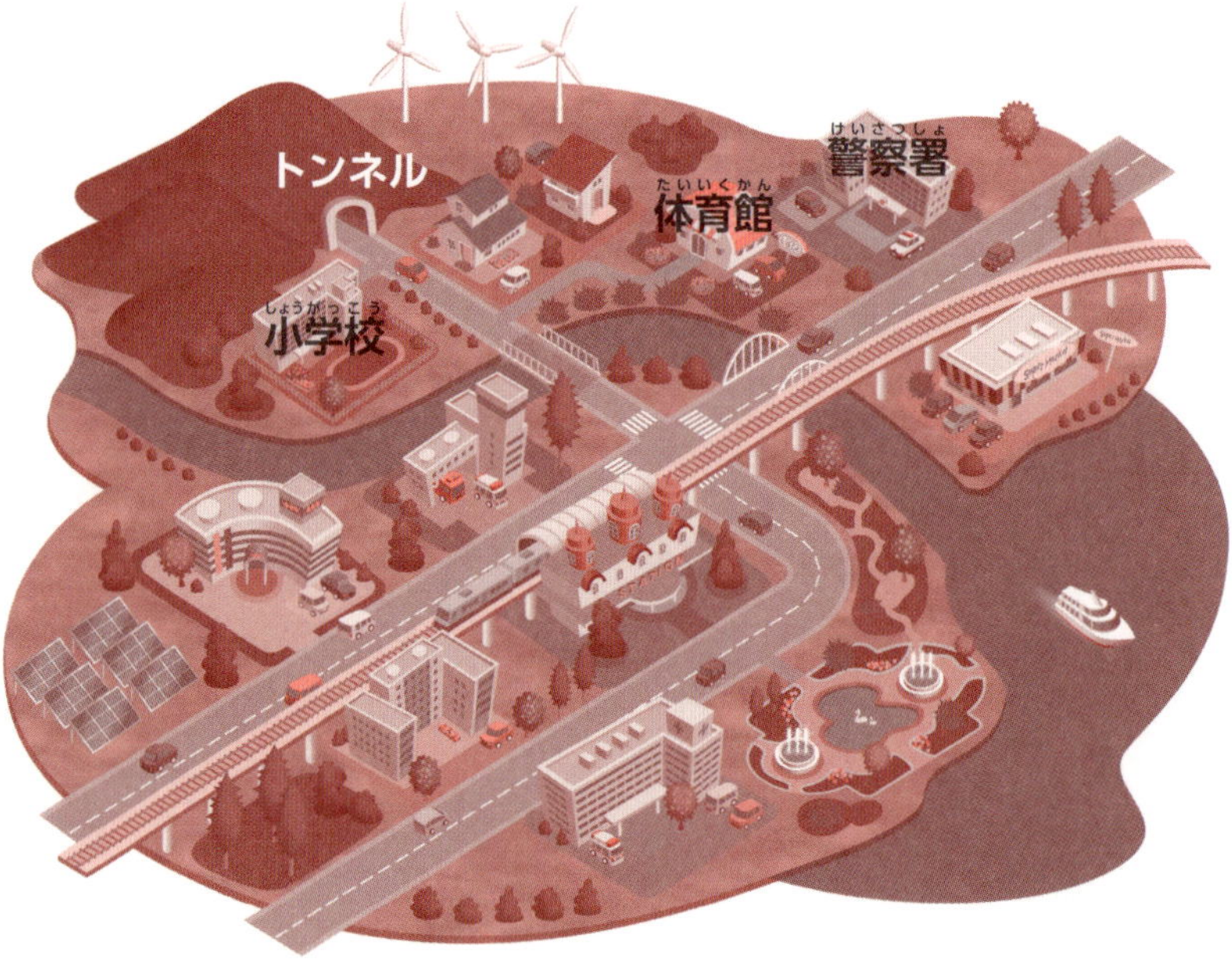

伝《つた》えたいこと

警察署《けいさつしょ》からトンネルまでの行《い》き方《かた》

主観的《しゅかんてき》な道案内《みちあんない》のキーワード

ちょっと／結構《けっこう》など

客観的《きゃっかんてき》な道案内《みちあんない》のキーワード

○分《ふん》／○階《かい》建《だ》て／方角《ほうがく》など

主《しゅ》観的《かんてき》

警察署《けいさつしょ》からちょっと歩《ある》いて、渡《わた》るのに勇気《ゆうき》がいる橋《はし》を渡《わた》ってください。次《つぎ》の交差点《こうさてん》で私《わたし》たちの通《かよ》う小学校《しょうがっこう》の方《ほう》に曲《ま》がって進《すす》むと、勇気《ゆうき》のいらない橋《はし》があります。それも渡《わた》って結構歩《けっこうある》くとトンネルです。近《ちか》くにはキレイな色《いろ》の屋根《やね》の家《いえ》と私《わたし》たちの小学校《しょうがっこう》があります。

客《きゃっ》観的《かんてき》

警察署《けいさつしょ》から川《かわ》の方角《ほうがく》に進《すす》んで橋《はし》を渡《わた》ってください。次《つぎ》の交差点《こうさてん》で右《みぎ》に曲《ま》がり直進《ちょくしん》すると、もう１つ橋《はし》があります。それも渡《わた》って５分《ふん》ほど進《すす》むとトンネルです。近《ちか》くに２階建《かいだ》ての家《いえ》と小学校《しょうがっこう》があります。

解説《かいせつ》

「ちょっと歩《ある》く」ってどれくらい？

主観的《しゅかんてき》な道案内《みちあんない》と客観的《きゃっかんてき》な道《みち》案内《あんない》のどちらがわかりやすいか、一目瞭然《いちもくりょうぜん》だよね。道順《みちじゅん》を教《おし》える場合《ばあい》は方角《ほうがく》や距離《きょり》、進《すす》む時間《じかん》といった客観的《きゃっかんてき》な情報《じょうほう》をなるべく交《まじ》えよう。「しばらく歩《ある》く」といった表現《ひょうげん》は大人《おとな》でも使《つか》いがちだけれど、人《ひと》によって解釈《かいしゃく》の違《ちが》う言葉《ことば》を使《つか》うと勘違《かんちが》いが生《う》まれやすいよ。「キレイな色《いろ》」も人《ひと》によって抱《いだ》くイメージが違《ちが》うから、「赤《あか》」や「青《あお》」など具体《ぐたい》的《てき》に説明《せつめい》しよう。

おこづかいをアップしてもらおう

チャレンジ！ 下《した》にあるキーワードを使《つか》って、主観的《しゅかんてき》な説得《せっとく》と客観的《きゃっかんてき》な説得《せっとく》を考《かんが》えましょう。

伝《つた》えたいこと

毎月《まいつき》のおこづかいを 200 円《えん》アップしてほしい

主観的《しゅかんてき》な説得《せっとく》で使《つか》えるキーワード

○○できなくて困《こま》るなど

客観的《きゃっかんてき》な説得《せっとく》で使《つか》えるキーワード

平均《へいきん》／○○と比《くら》べるとなど

主《しゅ》観的《かんてき》

毎月《まいつき》のおこづかいを200円《えん》アップしてほしいな。今《いま》のままだと、あんまりお菓子《かし》を買《か》えなくて困《こま》るんだよね。

客《きゃっ》観的《かんてき》

毎月《まいつき》のおこづかいを200円《えん》アップしてほしいな。今《いま》の金額《きんがく》は、小学《しょうがく》3年《ねん》生《せい》のおこづかいの平均金額《へいきんきんがく》と比《くら》べると200円《えん》少《すく》ないんだ。

解説《かいせつ》

感情《かんじょう》に訴《うった》える主観的説得《しゅかんてきせっとく》 理性《りせい》に訴《うった》える客観的説得《きゃっかんてきせっとく》

主観的《しゅかんてき》な説得《せっとく》には、「お菓子《かし》を買《か》えなくて困《こま》る」という個人《こじん》的《てき》な感想《かんそう》が含《ふく》まれているね。一《いっ》方《ぽう》、客観的《きゃっかんてき》な説得《せっとく》は統計《とうけい》データを用《もち》いて、第三者《だいさんしゃ》から見《み》たおこづかいの不足額《ふそくがく》を示《しめ》している。誰《だれ》かを説得《せっとく》するには、感情《かんじょう》に訴《うった》える主観的《しゅかんてき》な材料《ざいりょう》と理性《りせい》に訴《うった》える客観的《きゃっかんてき》な材料《ざいりょう》の２つがかかせないんだ。キミもなにかを頼《たの》むときは、２つの材料《ざいりょう》をバランスよく組《く》み合《あ》わせて話《はなし》を展開《てんかい》してみよう。

スマートフォンを買《か》ってもらおう

チャレンジ！ 下《した》にあるキーワードを使《つか》って、
主観的《しゅかんてき》な説得《せっとく》と客観的《きゃっかんてき》な説得《せっとく》を考《かんが》えましょう。

伝《つた》えたいこと

スマートフォンを買《か》ってほしい

主観的《しゅかんてき》な説得《せっとく》で使《つか》えるキーワード

○○をがんばるなど

客観的《きゃっかんてき》な説得《せっとく》で使《つか》えるキーワード

調査結果《ちょうさけっか》／○○という意見《いけん》など

主《しゅ》観《かん》的《てき》

スマートフォンがほしい！　絶対《ぜったい》にほしい！　もし買《か》ってくれたら、お手伝《てつだ》いをがんばります。

客《きゃっ》観《かん》的《てき》

ある調査結果《ちょうさけっか》によると、50%《パーセント》近《ちか》くの小学生《しょうがくせい》がスマートフォンを持《も》っているんだよ。調査結果《ちょうさけっか》には、調《しら》べ物《もの》や勉強《べんきょう》に役立《やくだ》つという意見《いけん》も書《か》いてあったよ。だから私《わたし》も、スマートフォンがほしいな。

解説《かいせつ》

「お願《ねが》い」から「説得《せっとく》」にレベルアップするには

「～がほしい！」や「～がしたい！」というお願《ねが》いは、キミも日頃《ひごろ》から使《つか》っているかもしれないね。これまでのような「お願《ねが》い」からレベルアップして「説得《せっとく》」がしたいなら、自分《じぶん》の気持《きも》ちだけでなく「○○をがんばる」のような提案《ていあん》を入《い》れると相手《あいて》の心《こころ》を動《うご》かしやすいよ。

調査結果《ちょうさけっか》のような第三者《だいさんしゃ》によるデータは、自分《じぶん》の主張《しゅちょう》を補強《ほきょう》するのに役立《やくだ》つ。ぜひ積極的《せっきょくてき》に取《と》り入《い》れてみてね。

友達《ともだち》に催促《さいそく》しよう

チャレンジ！ 下《した》にあるキーワードを使《つか》って、主観的《しゅかんてき》な催促《さいそく》と客観的《きゃっかんてき》な催促《さいそく》を考《かんが》えましょう。

伝《つた》えたいこと

貸《か》していたマンガを返《かえ》してほしい

主観的《しゅかんてき》な催促《さいそく》で使《つか》えるキーワード

もう1回《かい》読《よ》みたい／自分《じぶん》のピンチを伝《つた》える言葉《ことば》など

客観的《きゃっかんてき》な催促《さいそく》で使《つか》えるキーワード

約束《やくそく》／○日《にち》過《す》ぎたなど

主《しゅ》観的《かんてき》

そろそろ貸《か》していたマンガを返《かえ》してほしいな。**もう1回《かい》読《よ》みたくなっちゃった**。それに、いつ返《かえ》してもらえるのか妹《いもうと》が何度《なんど》も聞《き》いてきて、**困《こま》ってるんだ**よね。

客《きゃっ》観的《かんてき》

返《かえ》してもらう**約束《やくそく》**の日《ひ》から、**3日《みっか》過《す》ぎた**ね。そろそろ貸《か》していたマンガを返《かえ》してほしいな。

解説《かいせつ》

怒《おこ》った口調《くちょう》ではなく冷静《れいせい》に話《はな》すことも大切《たいせつ》

「催促《さいそく》」は約束《やくそく》を果《は》たすようにお願《ねが》いすることを意味《いみ》するよ。相手《あいて》が約束《やくそく》を破《やぶ》っているからといって、責《せ》め立《た》てるような強《つよ》い口調《くちょう》で話《はな》すのは絶対《ぜったい》にやめようね。急《きゅう》に怒《おこ》ったような口調《くちょう》で言《い》われたら、相手《あいて》もびっくりしてしまうよ。まずは冷静《れいせい》に自分《じぶん》の気持《きも》ち（主観的材料《しゅかんてきざいりょう》）を説明《せつめい》したり、約束《やくそく》の期限《きげん》（客観的材《きゃっかんてきざい》料《りょう》）を確認《かくにん》したりしよう。

相手《あいて》が素直《すなお》に受《う》け入《い》れられる雰囲気《ふんいき》づくりも大事《だいじ》だよ。

映画《えいが》のあらすじを説明《せつめい》しよう

チャレンジ！ 下《した》にある情報《じょうほう》を使《つか》って、
主観的《しゅかんてき》な説明《せつめい》と客観的《きゃっかんてき》な説明《せつめい》を考《かんが》えましょう。

© 1988 Hayao Miyazaki/Studio Ghibli

伝《つた》えたいこと

「となりのトトロ」のあらすじ

主観的《しゅかんてき》なあらすじの説明《せつめい》で使《つか》える情報《じょうほう》

登場人物《とうじょうじんぶつ》に対《たい》する自分《じぶん》の気持《きも》ちなど

客観的《きゃっかんてき》なあらすじの説明《せつめい》で使《つか》える情報《じょうほう》

映画《えいが》に登場《とうじょう》する人《ひと》や地域《ちいき》の名前《なまえ》など

主《しゅ》観《かん》的《てき》

かわいい姉妹《しまい》が田舎《いなか》に引《ひ》っ越《こ》すんだ。そこでトトロというちょっと変《へん》でモコモコした生《い》き物《もの》たち、私《わたし》は中《ちゅう》ぐらいの大《おお》きさのトトロが推《お》しなんだけど、そのトトロたちと交流《こうりゅう》する様子《ようす》に心《こころ》がなごむんだよね。

客《きゃっ》観《かん》的《てき》

昭和《しょうわ》30年代《ねんだい》の日本《にほん》を舞台《ぶたい》にした映《えい》画《が》だよ。サツキとメイという姉妹《しまい》が、学者《がくしゃ》のお父《とう》さんと一緒《いっしょ》に松郷《まつごう》という田舎《いなか》に引《ひ》っ越《こ》してくるんだ。姉妹《しまい》の家《いえ》の近《ちか》くにはトトロという不思議《ふしぎ》な生《い》き物《もの》が住《す》んでいて、次第《しだい》に仲良《なかよ》くなっていくんだよ。

解説《かいせつ》

「あらすじ」は客観的《きゃっかんてき》な説明《せつめい》を心《こころ》がける

物語《ものがたり》の大《おお》まかな流《なが》れを意味《いみ》する「あらすじ」は、誰《だれ》が書《か》いてもほぼ同《おな》じになるものなんだ。キツネさんの客観的《きゃっかんてき》なあらすじに書《か》いてある内容《ないよう》が、まさにそうだよね。一方《いっぽう》、タヌキさんの主観的《しゅかんてき》なあらすじは、合間合間《あいまあいま》に気持《きも》ちが入《はい》っているから話《はなし》の流《なが》れがつかみにくいよね。「あらすじを教《おし》えて」と言《い》われたら、できるだけ主観的《しゅかんてき》な情報《じょうほう》は入《い》れずに説明《せつめい》しよう。結末《けつまつ》を教《おし》えるネタバレにも注意《ちゅうい》してね。

映画《えいが》の感想《かんそう》を伝《つた》えよう

チャレンジ！ 下《した》にある情報《じょうほう》を使《つか》って、
主観的《しゅかんてき》な感想《かんそう》と客観的《きゃっかんてき》な感想《かんそう》を考《かんが》えましょう。

伝《つた》えたいこと

「千《せん》と千尋《ちひろ》の神隠《かみかく》し」の感想《かんそう》

主観的《しゅかんてき》な感想《かんそう》で使《つか》える情報《じょうほう》

登場人物《とうじょうじんぶつ》に対《たい》する自分《じぶん》の気持《きも》ち／作品《さくひん》を見《み》て感《かん》じたことなど

客観的《きゃっかんてき》な感想《かんそう》で使《つか》える情報《じょうほう》

○○だといわれている／作品《さくひん》に関係《かんけい》するデータなど

主《しゅ》観的《かんてき》

最初《さいしょ》は泣《な》いていた千尋《ちひろ》が、どんどん成長《せいちょう》していく姿《すがた》を頼《たの》もしく感《かん》じたよ。ハクは優《やさ》しくてかっこいいな。それに湯婆婆《ゆばーば》も好《す》きなんだ。あの迫力《はくりょく》と凄《すご》みのある声《こえ》で、大勢《おおぜい》の従業員《じゅうぎょういん》を束《たば》ねているシーンには心《こころ》がおどるよ。

客《きゃっ》観的《かんてき》

ラストシーンで車《くるま》にホコリや葉《は》っぱが積《つ》もっていたことから、それだけ長《なが》い時間《じかん》がたっていたといわれているね。アメリカのアカデミー賞《しょう》を受《じゅ》賞《しょう》しただけあって、日本《にほん》を代表《だいひょう》するアニメ映画《えいが》だといえるね。

解説《かいせつ》

感想《かんそう》は自分《じぶん》なりの考《かんが》えをどんどん伝《つた》えよう

キツネさんの客観的《きゃっかんてき》な感想《かんそう》を読《よ》むと、先生《せんせい》はなんだか味気《あじけ》なくて面白《おもしろ》くないと感《かん》じるんだ。なぜなら、インターネットで検《けん》索《さく》すればすぐにわかるような情《じょう》報《ほう》ばかりだから。それに誰《だれ》かが考《かんが》えたことを説明《せつめい》することは、感想《かんそう》を言《い》うことにはならないよね。感想《かんそう》を言《い》い合《あ》ったり読書感《どくしょかん》想文《そうぶん》を書《か》いたりする場合《ばあい》は、キミがどう感《かん》じたか、どう思《おも》ったかが大事《だいじ》になる。遠慮《えんりょ》せず、自《じ》由《ゆう》にどんどん表現《ひょうげん》しよう。

友達《ともだち》をプールに誘《さそ》おう

チャレンジ！ **下《した》にある情報《じょうほう》を使《つか》って、**
主観的《しゅかんてき》な誘《さそ》い方《かた》と客観的《きゃっかんてき》な誘《さそ》い方《かた》を考《かんが》えましょう。

伝《つた》えたいこと

一緒《いっしょ》にプールに行《い》こう

主観的《しゅかんてき》な誘《さそ》い方《かた》で使《つか》える情報《じょうほう》

プールに対《たい》するポジティブな気持《きも》ちなど

客観的《きゃっかんてき》な誘《さそ》い方《かた》で使《つか》える情報《じょうほう》

プールに行《い》くと良《よ》いことがある客観的《きゃっかんてき》な根拠《こんきょ》など

主《しゅ》観《かん》的《てき》

一緒《いっしょ》にプールに行《い》こうよ。泳《およ》げば気《き》分爽快《ぶんそうかい》だよ！　あそこのウォータースライダーは最高《さいこう》に楽《たの》しいから、キミも気《き》に入《い》ると思《おも》うよ。

客《きゃっ》観《かん》的《てき》

一緒《いっしょ》にプールに行《い》こうよ。今《いま》は2人《ふたり》組《ぐみ》だと15%《パーセント》オフで入場《にゅうじょう》できるキャンペーン中《ちゅう》だから、いつもよりお得《とく》だよ。

解説《かいせつ》

相手《あいて》の立場《たちば》を想像《そうぞう》して誘《さそ》ってみよう

人《ひと》を誘《さそ》うときには、「もし自《じ》分《ぶん》が相手《あいて》だったらどう思《おも》うか」と誘《さそ》われる側《がわ》の立場《たちば》に立《た》って物《もの》事《ごと》を考《かんが》えることが大切《たいせつ》だよ。

自分《じぶん》の希望《きぼう》や理想《りそう》ばかりを押《お》し付《つ》けるのではなく、相手《あいて》にとってのメリットを伝《つた》えよう。

さらには、感情《かんじょう》にアピールする主観的《しゅかんてき》な材料《ざいりょう》と理性《りせい》にアピールする客観的《きゃっかんてき》な材料《ざいりょう》をダブルで伝《つた》えれば、誘《さそ》いに応《おう》じてくれる可能性《かのうせい》は高《たか》くなるはずだよ。

SNS《エスエヌエス》の投稿《とうこう》について考《かんが》えよう

チャレンジ！ 下《した》にあるキーワードを使《つか》って、主観的《しゅかんてき》な投稿《とうこう》と客観的《きゃっかんてき》な投稿《とうこう》を考《かんが》えましょう。

伝《つた》えたいこと

どうぶつ市《し》で起《お》きた誘拐事件《ゆうかいじけん》の犯人《はんにん》はハイエナの可能性《かのうせい》

主観的《しゅかんてき》な投稿《とうこう》でよく見《み》られるキーワード

絶対《ぜったい》／違《ちが》いない／自分《じぶん》の気持《きも》ちなど

客観的《きゃっかんてき》な投稿《とうこう》でよく見《み》られるキーワード

情報《じょうほう》ソース（情報《じょうほう》の出《で》どころ）／ニュースの内容《ないよう》など

主観的《しゅかんてき》

どうぶつ市《し》で起《お》きた誘拐事件《ゆうかいじけん》の犯人《はんにん》は、絶対《ぜったい》ハイエナに違《ちが》いない！　見《み》るからに犯罪者《はんざいしゃ》っぽいもん。

客観的《きゃっかんてき》

「どうぶつ新聞《しんぶん》」には「どうぶつ市《し》で起《お》きた誘拐事件《ゆうかいじけん》の容疑者《ようぎしゃ》としてハイエナを逮捕《たいほ》した」と書《か》いてあったよ。ハイエナが犯人《はんにん》の可能性《かのうせい》が高《たか》いのかなぁ。

解説《かいせつ》

主観的《しゅかんてき》な決《き》めつけやデタラメはNG《エヌジー》（ダメ）

※SNS《エスエヌエス》に投稿《とうこう》される悪口《わるくち》や決《き》めつけ、デタラメは社会問題《しゃかいもんだい》になっているよ。少《すこ》しでも減《へ》らすために、最近《さいきん》では厳《きび》しく罰《ばっ》する制度《せいど》も整《ととの》えられつつあるんだ。キツネさんの投稿《とうこう》は「個人《こじん》の感《かん》想《そう》」で済《す》むけれど、タヌキさんの投稿《とうこう》は誹謗中傷《ひぼうちゅうしょう》（根拠《こんきょ》のない悪口《わるくち》）として訴《うった》えられる可能《かのう》性《せい》があるよ。勝手《かって》な想像《そうぞう》で不確《ふかく》実《じつ》なことを断定《だんてい》したり、ネット上《じょう》のデマを信《しん》じたりするのは絶《ぜっ》対《たい》にやめようね。

※LINE《ライン》やX《エックス》など、インターネット上《じょう》で人《ひと》とやり取《と》りできるサービスのこと。

友達《ともだち》にお気《き》に入《い》りをオススメしよう

チャレンジ！ 下《した》にあるキーワードを使《つか》って、主観的《しゅかんてき》なすすめ方《かた》と客観的《きゃっかんてき》なすすめ方《かた》を考《かんが》えましょう。

伝《つた》えたいこと

お気《き》に入《い》りのノートをオススメしたい

主観的《しゅかんてき》なすすめ方《かた》で使《つか》えるキーワード

○○と思《おも》う／お気《き》に入《い》りに対《たい》する自分《じぶん》の気持《きも》ちなど

客観的《きゃっかんてき》なすすめ方《かた》で使《つか》えるキーワード

大《おお》きさ／価格《かかく》／特徴《とくちょう》など

主《しゅ》観《かん》的《てき》

このノートは、ほかのどのノートより書《か》きやすいと思《おも》うよ。鉛筆《えんぴつ》がスラスラ進《すす》むのに、力《ちから》を入《い》れなくても消《け》しゴムでサッと消《き》えるんだ。それに、ノートを閉《と》じておくゴムバンドが便《べん》利《り》でクールだよね。

客《きゃっ》観《かん》的《てき》

このノートの特徴《とくちょう》は、なめらかな書《か》き心地《ごこち》だよ。「書《か》きやすくて消《け》しやすい」と商品説明《しょうひんせつめい》に書《か》いてあった。A《エー》5サイズで税込《ぜいこみ》180円《えん》。ゴムバンド付《つ》きだから、ノートが勝手《かって》に開《ひら》かないんだ。

解説《かいせつ》

主観的《しゅかんてき》な感想《かんそう》にはパワーがある

自分《じぶん》の好《す》きなものや人《ひと》、いわゆる「推《お》し」を誰《だれ》かにオススメしたくなったら、キミはどのように伝《つた》えるかな？ 先生《せんせい》は自分《じぶん》が感《かん》じる長所《ちょうしょ》や魅力《みりょく》を熱《あつ》く語《かた》るようにしているよ。なぜなら、自分《じぶん》から湧《わ》き起《お》こる主観的《しゅかんてき》な感《かん》想《そう》には、人《ひと》を巻《ま》き込《こ》むパワーがあるからなんだ。自分《じぶん》が良《よ》いと思《おも》うポイントを整理《せいり》して伝《つた》えれば、説得力《せっとくりょく》が自然《しぜん》と増《ま》すよ。補《ほ》足《そく》として客観的《きゃっかんてき》な情報《じょうほう》も付《つ》け足《た》せば、さらにいいね。

STEP《ステップ》 4

文《ぶん》と文《ぶん》を「つなぐ言葉《ことば》」を知《し》ろう

説明上手《せつめいじょうず》な人《ひと》は、文《ぶん》と文《ぶん》を「つなぐ言葉《ことば》」である
接続詞《せつぞくし》の使《つか》い方《かた》が上手《じょうず》な人《ひと》でもあるんだ。
このSTEP《ステップ》で接続詞《せつぞくし》の種類《しゅるい》と意味《いみ》を覚《おぼ》えて、
会話《かいわ》や作文《さくぶん》で使《つか》ってみよう！

この STEP《ステップ》の使《つか》い方《かた》・読《よ》み方《かた》

ここで取《と》り上《あ》げる「つなぐ言葉《ことば》」は 26 種類《しゅるい》。それぞれの意味《いみ》と使《つか》い方《かた》をマスターして、接続詞名人《せつぞくしめいじん》を目指《めざ》そう！

こんなイメージ

つなぐ言葉《ことば》の意味《いみ》やはたらきを図《ず》解《かい》したよ。似《に》たような意味合《いみあ》いの「つなぐ言葉《ことば》」も紹介《しょうかい》しているから、チェックしよう。

シーンの説明《せつめい》

どんな状況《じょうきょう》でタヌキさんとキツネさんが会話《かいわ》をしているのかが書《か》いてあるよ。

タイトル

そのページで取《と》り上《あ》げる「つなぐ言葉《ことば》」が書《か》いてあるよ。

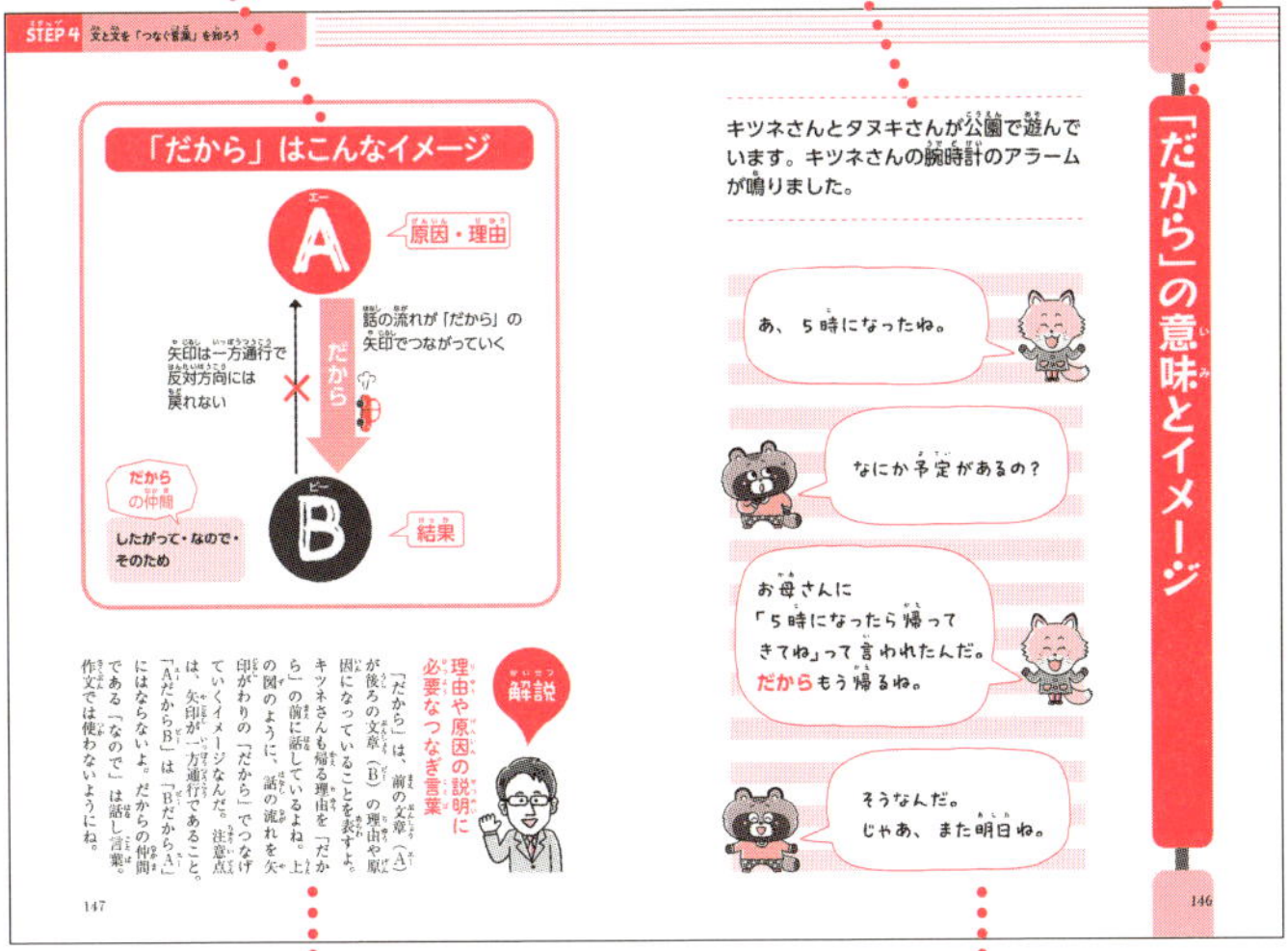

解説《かいせつ》

「つなぐ言葉《ことば》」の使《つか》い方《かた》のポイントやはたらきについて解《かい》説《せつ》しているよ。

会話《かいわ》

タヌキさんとキツネさんの会《かい》話《わ》のなかに、テーマになっている「つなぐ言葉《ことば》」が出《で》てくるよ。

「だから」の意《い》味《み》とイメージ

キツネさんとタヌキさんが公園《こうえん》で遊《あそ》んでいます。キツネさんの腕時計《うでどけい》のアラームが鳴《な》りました。

あ、5時《じ》になったね。

なにか予定《よてい》があるの？

お母《かあ》さんに
「5時《じ》になったら帰《かえ》ってきてね」って言《い》われたんだ。
だからもう帰《かえ》るね。

そうなんだ。
じゃあ、また明日《あした》ね。

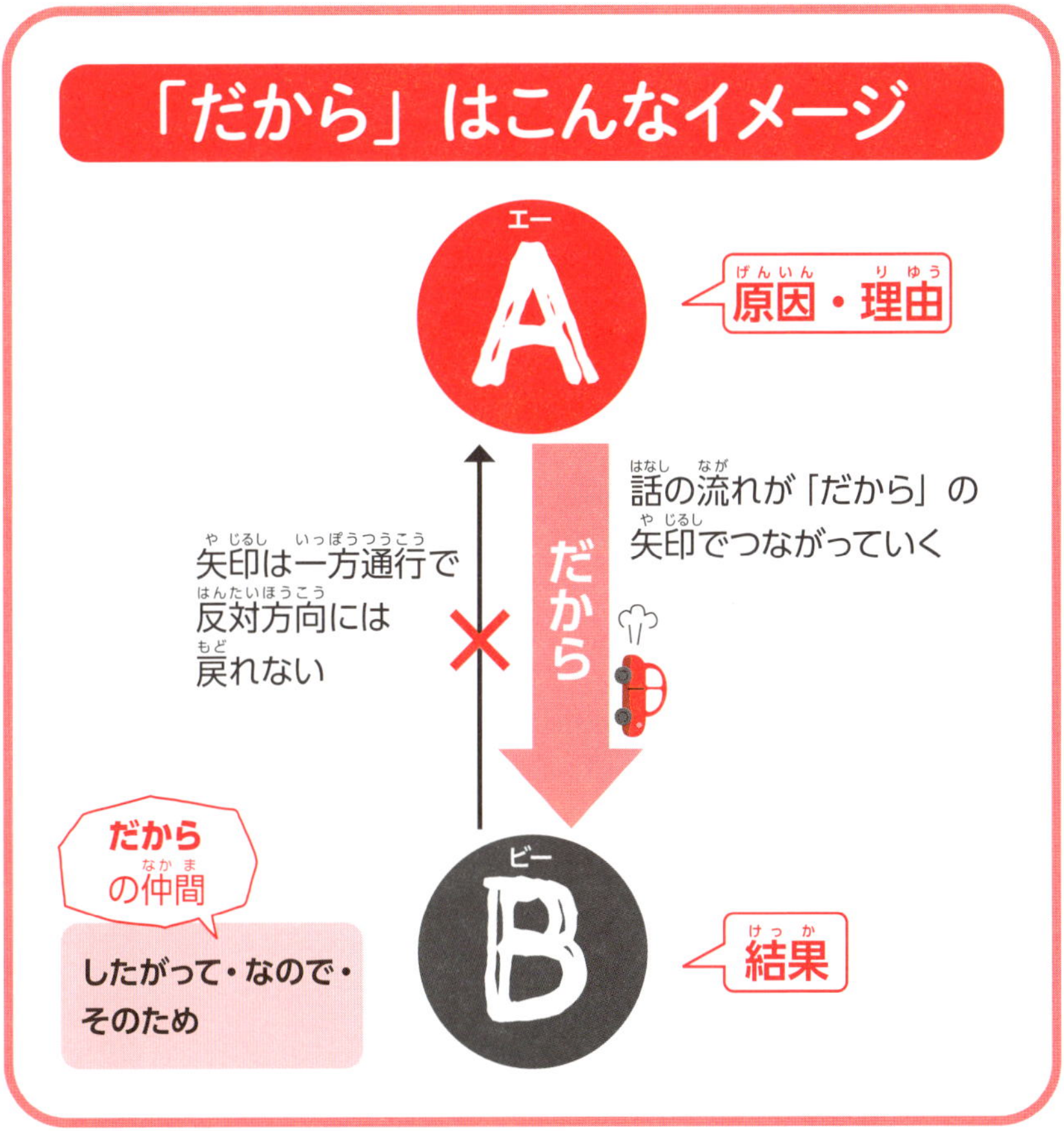

解説《かいせつ》

理由《りゆう》や原因《げんいん》の説明《せつめい》に必要《ひつよう》なつなぎ言葉《ことば》

「だから」は、前《まえ》の文章《ぶんしょう》（A《エー》）が後《うし》ろの文章《ぶんしょう》（B《ビー》）の理由《りゆう》や原《げん》因《いん》になっていることを表《あらわ》すよ。キツネさんも帰《かえ》る理由《りゆう》を「だから」の前《まえ》に話《はな》しているよね。上《うえ》の図《ず》のように、話《はなし》の流《なが》れを矢《や》印《じるし》がわりの「だから」でつなげていくイメージなんだ。注意点《ちゅういてん》は、矢印《やじるし》が一方通行《いっぽうつうこう》であること。「A《エー》だからB《ビー》」は「B《ビー》だからA《エー》」にはならないよ。だからの仲間《なかま》である「なので」は話《はな》し言葉《ことば》。作文《さくぶん》では使《つか》わないようにね。

キツネさんとタヌキさんが座右《ざゆう》の銘《めい》（自《じ》分《ぶん》の励《はげ》ましや教《おし》えとする言葉《ことば》）について話《はな》しています。

キツネさんの
座右《ざゆう》の銘《めい》はなに？

「人《ひと》を信《しん》じよ、**しかし**、
その百倍《ひゃくばい》も自《みずか》らを信《しん》じよ」
かな。

とても奥深《おくぶか》い
言葉《ことば》だね！

マンガ家《か》の
手塚治虫《てづかおさむ》さんの
言葉《ことば》なんだよ。

「しかし」はこんなイメージ

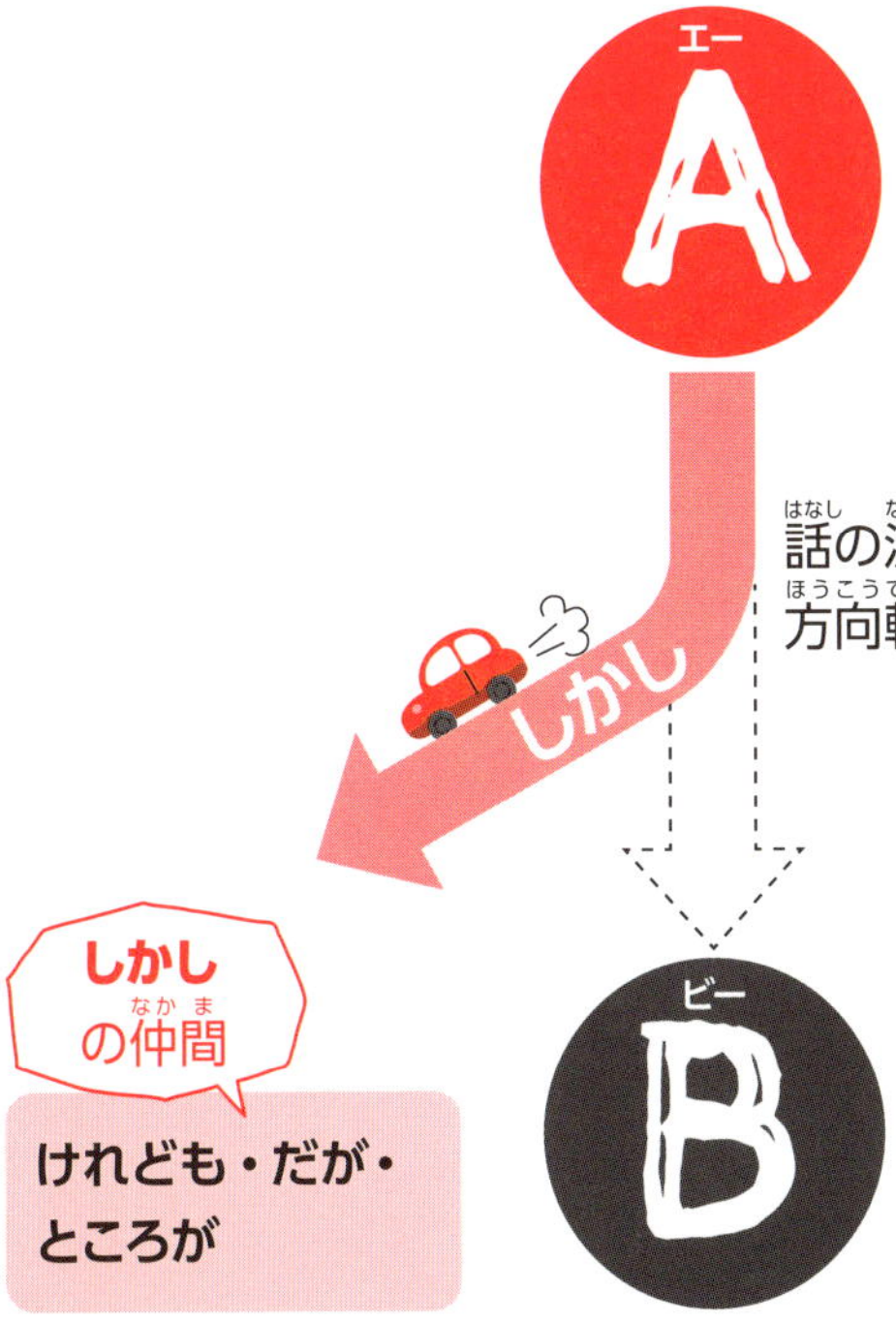
A《エー》
話《はなし》の流《なが》れが「しかし」で
方向転換《ほうこうてんかん》する
しかし
B《ビー》
しかし
の仲間《なかま》
けれども・だが・
ところが

解説《かいせつ》

予想外《よそうがい》の方向《ほうこう》へ話《はなし》を動《うご》かす「逆接《ぎゃくせつ》」

「しかし」は、それまでの話《はなし》の流《なが》れを方向転換《ほうこうてんかん》させる言葉《ことば》だよ。「これまで失敗《しっぱい》つづきだった。しかし、成功《せいこう》した」のように、前後《ぜんご》の文《ぶん》にそれぞれ反対《はんたい》の意味合《いみあ》いをもつ言葉《ことば》が入《はい》り、話《はなし》の流《なが》れが逆転《ぎゃくてん》する場合《ばあい》も多《おお》いんだ。「逆《さか》さ」を意味《いみ》する「逆《ぎゃく》」と、くっつくを意味《いみ》する「接《せつ》」をつなげて「逆接《ぎゃくせつ》の接続詞《せつぞくし》」とも呼《よ》ばれるよ。「しかし」を効果的《こうかてき》に使《つか》うと、作文《さくぶん》や物語《ものがたり》が一気《いっき》にドラマチックになるんだ。

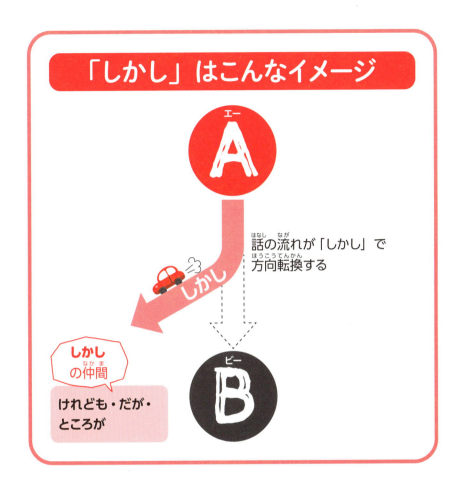

「つまり」の意《い》味《み》とイメージ

キツネさんとタヌキさんは映画《えいが》を見《み》にいくことにしましたが、映画館《えいがかん》の場所《ばしょ》がわからないようです。

この道《みち》って、
さっきも通《とお》ったよね。
映画館《えいがかん》はどこだろう？
何度《なんど》も同《おな》じ道《みち》を通《とお》ってるし、
行《い》き方《かた》も、どこにいるかも
わからない……。
つまり、迷子《まいご》だね！
はいはい、そうだね。
タヌキさんは呑気《のんき》だなぁ。
心配《しんぱい》ないよ。
交番《こうばん》があるから
聞《き》いてみよう。

「つまり」はこんなイメージ

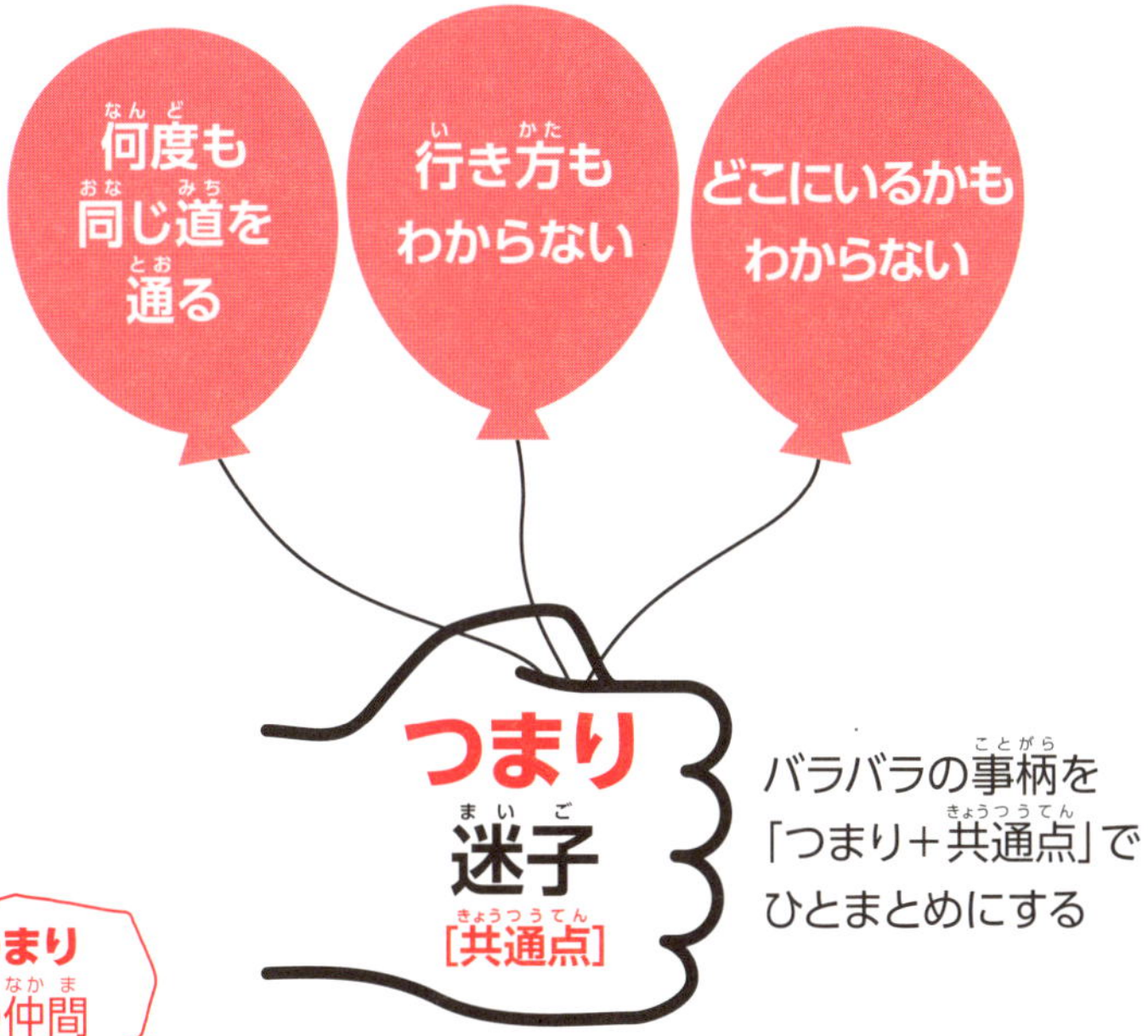

つまりの仲間《なかま》

要《よう》するに・すなわち・言《い》い換《か》えると・結局《けっきょく》

解説《かいせつ》

バラバラな言葉《ことば》と長《なが》い話《はなし》のまとめ役《やく》

「つまり」は漢字《かんじ》で書《か》くと「詰《つ》まり」。それ以上《いじょう》進《すす》めない最終地点《さいしゅうちてん》を意味《いみ》するよ。だからこそ、「つまり」には言葉《ことば》をまとめるはたらきがあるんだ。

上《うえ》の図《ず》のように、バラバラに飛《と》んで行《い》ってしまいそうな風船《ふうせん》を「つまり＋共通点《きょうつうてん》」で1つにまとめているイメージをもとう。

また、大切《たいせつ》な点《てん》を要約《ようやく》する（短《みじか》くまとめる）はたらきもあるから、意見《いけん》の結論《けつろん》は「つまり」を使《つか》ってまとめるんだよ。

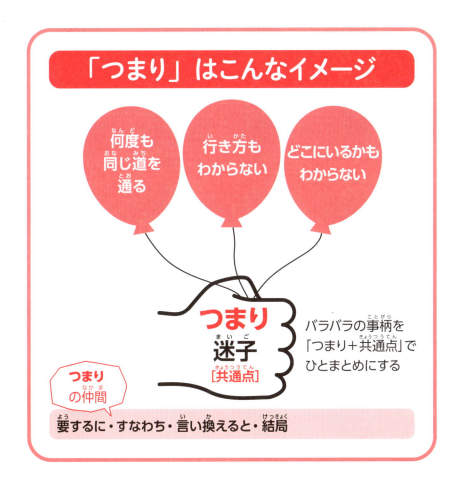

「たとえば」の意《い》味《み》とイメージ

タヌキさんがキツネさんに、父《ちち》の日《ひ》について相談《そうだん》しています。どうやら、プレゼントが決《き》まっていないようです。

疲《つか》れがとれるものにしたら？
たとえば、手作《てづく》りの
肩《かた》たたき券《けん》とか。

それは去年《きょねん》
あげたんだよね。

じゃあ、お手伝《てつだ》い券《けん》に
してみるのはどう？

名案《めいあん》だね！
早速《さっそく》作《つく》ってみるよ。

解説《かいせつ》

具体例《ぐたいれい》を示《しめ》すために用《もち》いる言葉《ことば》

「つまり（150〜151P《ページ》）」でまとめている事柄《ことがら》を、1つ1つ具体的《ぐたいてき》に示《しめ》すために使《つか》う言葉《ことば》が「たとえば」だよ。「具体的《ぐたいてき》」は「はっきりと姿《すがた》や形《かたち》を備《そな》えていて、簡単《かんたん》にイメージできるようなこと」という意味合《いみあ》いをもつ。「つまり」と「たとえば」は対《つい》をなす言葉同士《ことばどうし》。日頃《ひごろ》から使《つか》いこなして、行《い》き来《き》できるように意識《いしき》してみよう。それだけで論理的思考力《ろんりてきしこうりょく》と言《い》い換《か》える力《ちから》がアップするよ。

「なかでも」の意味《いみ》とイメージ

タヌキさんがキツネさんに、夏休《なつやす》みに行《い》った南《みなみ》の島《しま》の魅力《みりょく》を語《かた》っています。

郷土料理《きょうどりょうり》も
おいしかったけど、
やっぱり景色《けしき》の良《よ》さが
最大《さいだい》の魅力《みりょく》かなぁ。

確《たし》かに海《うみ》がキレイな
イメージはあるよね。

そうそう。
なかでも夕日《ゆうひ》が海《うみ》に
沈《しず》んでいく景色《けしき》は
最高《さいこう》だったよ。

へえー、
それは見《み》てみたいなぁ。

「なかでも」はこんなイメージ

郷土料理《きょうどりょうり》
景色《けしき》の良《よ》さ
海《うみ》がキレイ
夕日《ゆうひ》が海《うみ》に沈《しず》んでいく景色《げしき》
なかでも
なかでもの仲間《なかま》

特《とく》に・とりわけ・ことに

解説《かいせつ》

「特《とく》にこれ！」というスペシャルを示《しめ》す

今《いま》、目《め》の前《まえ》にいろんなケーキがあるとしよう。ショートケーキにチーズケーキ、モンブランにシュークリーム……。「1つだけ食《た》べていいよ」と言《い》われたら、「これ！」と力《ちから》を込《こ》めて指《ゆび》を差《さ》すよね。「なかでも」は同《おな》じように、たくさんの例《れい》のなかで特《とく》に際立《きわだ》っているものを示《しめ》すときに使《つか》う言葉《ことば》だよ。「なかでも」を使《つか》って事柄《ことがら》を挙《あ》げると、説得力《せっとくりょく》が出《で》て伝《つた》わりやすいんだ。

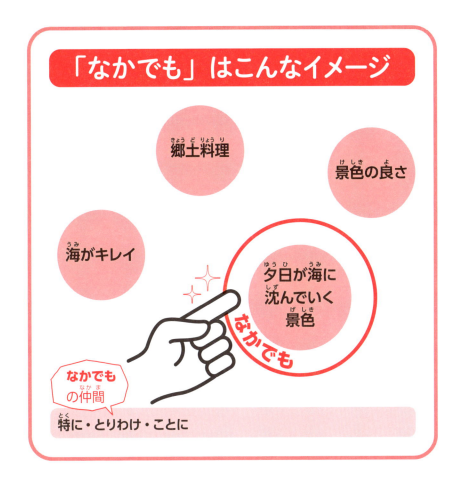

「さらに」の意味《いみ》とイメージ

キツネさんがタヌキさんにため息《いき》まじりに話《はな》しかけています。前日《ぜんじつ》になにか不運《ふうん》な出来事《できごと》があったようです。

昨日《きのう》、塾《じゅく》に行《い》く途中《とちゅう》で自転車《じてんしゃ》がパンクして、遅刻《ちこく》しちゃったよ。

それは大変《たいへん》だったね。

さらに塾《じゅく》の課題《かだい》を家《いえ》に忘《わす》れてさ、**さらに**先生《せんせい》にしかられたんだよ。

まさに踏《ふ》んだり蹴《け》ったりだね。

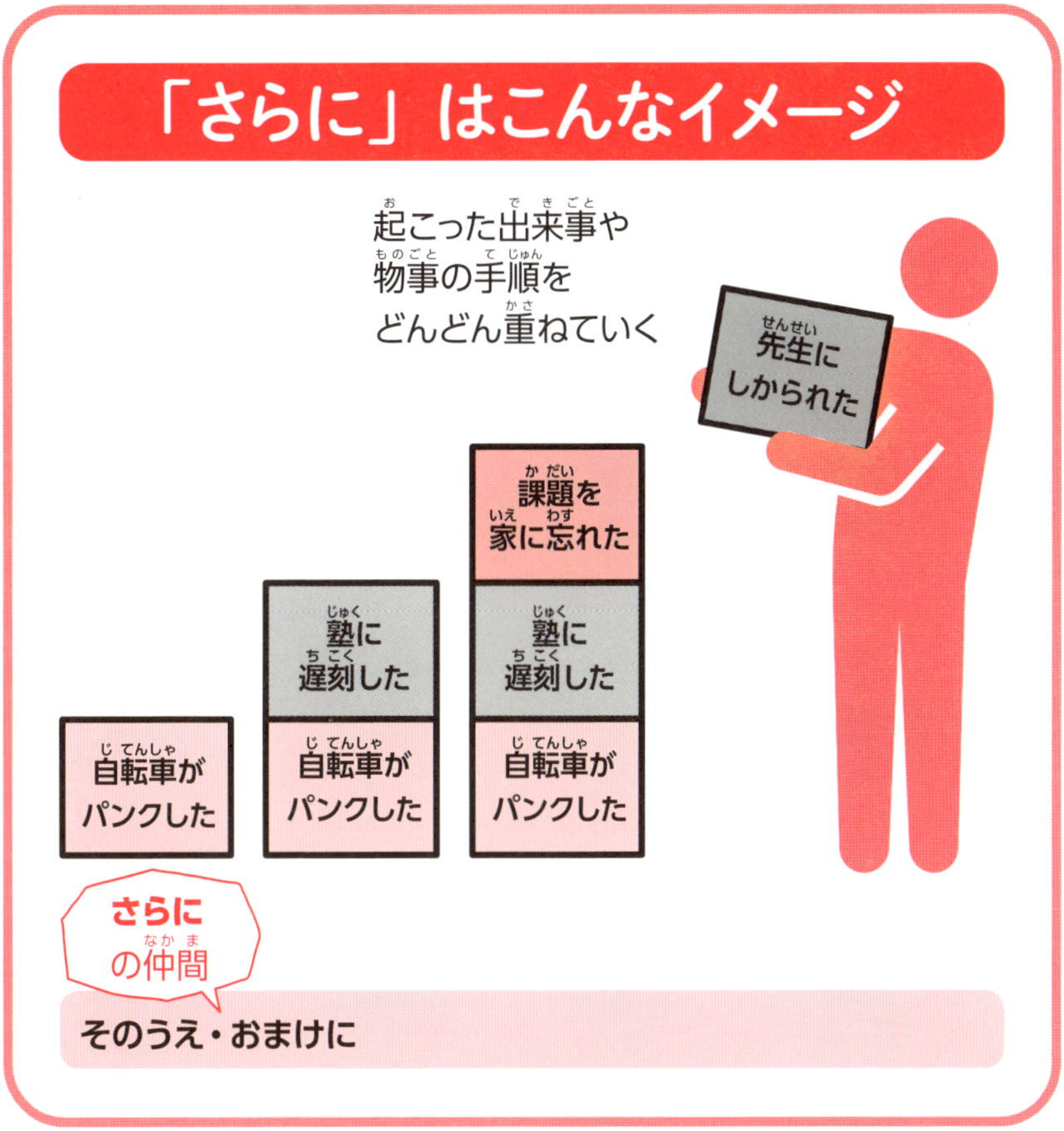
「さらに」はこんなイメージ
起《お》こった出来事《できごと》や
物事《ものごと》の手順《てじゅん》を
どんどん重《かさ》ねていく
先生《せんせい》に
しかられた
課題《かだい》を
家《いえ》に忘《わす》れた
塾《じゅく》に
遅刻《ちこく》した
塾《じゅく》に
遅刻《ちこく》した
自転車《じてんしゃ》が
パンクした
自転車《じてんしゃ》が
パンクした
自転車《じてんしゃ》が
パンクした
さらに
の仲間《なかま》
そのうえ・おまけに

解説《かいせつ》

言葉《ことば》と情報《じょうほう》をどんどん足《た》していく

過去《かこ》の出来事《できごと》や物事《ものごと》の手順《てじゅん》のように、続《つづ》けていろいろなことを説明《せつめい》したいときには「さらに」が便利《べんり》なんだ。上《うえ》の図《ず》のように同《おな》じ大《おお》きさの箱《はこ》を積《つ》み上《あ》げていくイメージで、「さらに」「さらに」とどんどん言葉《ことば》をつなげていこう。「さらに」が続《つづ》きすぎてわかりにくいと感《かん》じる場合《ばあい》は、「またさらに」を使《つか》ってみてね。「そのうえ」や「おまけに」などが仲間《なかま》として挙《あ》げられるよ。

「しかも」の意《い》味《み》とイメージ

ラーメンが大好物《だいこうぶつ》のキツネさん。タヌキさんに、お気《き》に入《い》りのラーメン店《てん》について説明《せつめい》しています。

クマの店長《てんちょう》さんの
サービス精神《せいしん》がすごくて、
全部《ぜんぶ》のメニューが
ボリューム満点《まんてん》なんだよ！

そうなんだ。
肝心《かんじん》の味《あじ》はどうなの？

とってもおいしいよ。
しかも安《やす》いんだ。

それはいいね。
今度《こんど》行《い》ってみようかな。

「しかも」はこんなイメージ

しかも
安《やす》い
とってもおいしい
ボリューム満点《まんてん》
「しかも」には
驚《おどろ》きの感情《かんじょう》が
くっつく

しかもの仲間《なかま》

そればかりでなく

解説《かいせつ》

情報《じょうほう》を付《つ》け足《た》して さらに強調《きょうちょう》する

「しかも」は人《ひと》を驚《おどろ》かせるのが得意《とくい》な手品師《てじなし》のような言葉《ことば》だよ。普通《ふつう》ならば同時《どうじ》には成《な》り立《た》たないと考《かんが》えられている事柄《ことがら》も、「しかも」でつなげば、ほら不思議《ふしぎ》。同時《どうじ》に成《な》り立《た》つうえに、「しかも」の後《うし》ろに続《つづ》く文《ぶん》章《しょう》が強調《きょうちょう》されて重要《じゅうよう》さが増《ま》すんだ。キツネさんがお気《き》に入《い》りのラーメン店《てん》も、ボリューム満点《まんてん》ならば材料《ざいりょう》がたくさん必要《ひつよう》になるのに、安《やす》いというところがびっくりだよね。

「なぜなら」の意味《いみ》とイメージ

今日《きょう》はどうぶつ小学校《しょうがっこう》の遠足《えんそく》でした。天気《てんき》にも恵《めぐ》まれ、無事《ぶじ》に学校《がっこう》まで戻《もど》ってきたタヌキさんとキツネさんが話《はな》しています。

キツネさん、
どうしたの？

日焼《ひや》けして顔《かお》が
ヒリヒリするんだ。

私《わたし》はそんなに
日焼《ひや》けしなかったなぁ。
どうしてキツネさんだけ？

なぜなら、
帽子《ぼうし》をかぶらなかった
からだよ。家《いえ》に忘《わす》れて
きちゃったんだ。

「なぜなら」はこんなイメージ

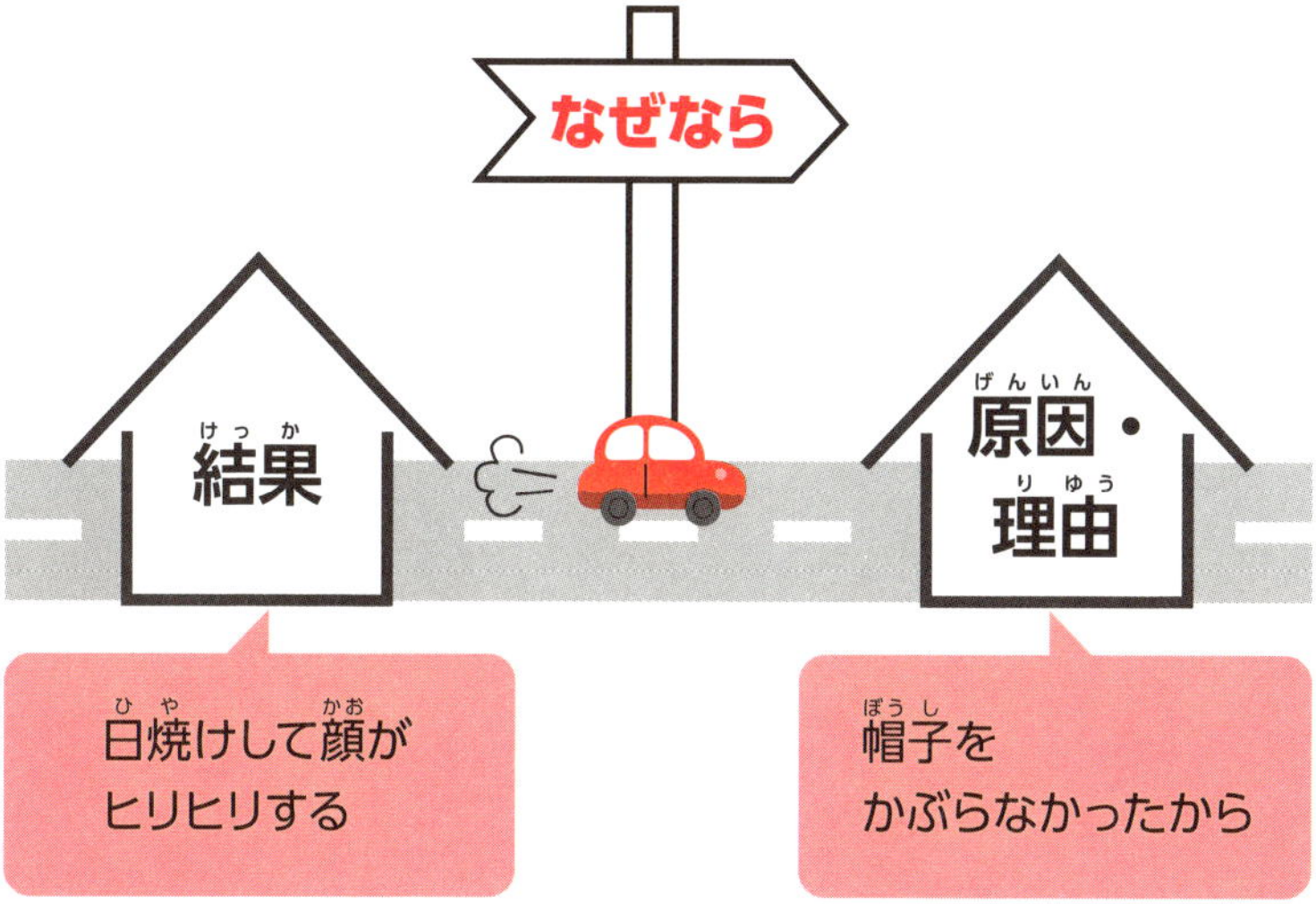

なぜならの仲間《なかま》

なぜかというと・なぜならば

解説《かいせつ》

「なぜなら」に続《つづ》くのは原因《げんいん》や理由《りゆう》

文《ぶん》と文《ぶん》をつなぐ接続詞《せつぞくし》は、いわば文章《ぶんしょう》の行《い》き先《さき》を教《おし》えてくれる道《みち》しるべのようなもの。「なぜなら」が来《き》たら、その先《さき》には理由《りゆう》や原因《げんいん》が待《ま》っていると覚《おぼ》えよう。原因《げんいん》と結果《けっか》の関係《かんけい》については、ＳＴＥＰ《ステップ》２（84～１１３Ｐ《ページ》）と「だから」のページ（１４６～１４７Ｐ《ページ》）でも説明《せつめい》しているよ。原因《げんいん》から結果《けっか》、もしくは結《けっ》果《か》から原因《げんいん》をたどるときにはどちらの接続詞《せつぞくし》を使《つか》うのか、忘《わす》れないようにしよう。

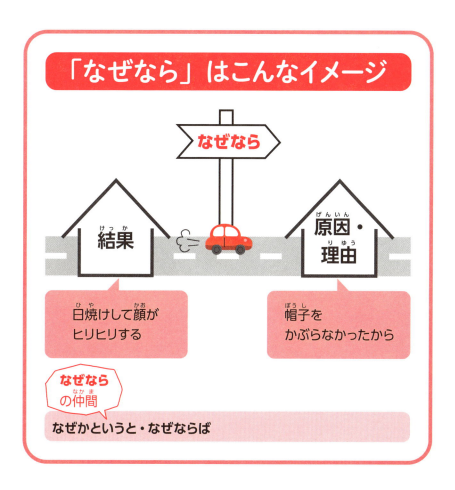

あと２週間《しゅうかん》で冬休《ふゆやす》みです。キツネさんとタヌキさんが冬休《ふゆやす》みについて話《はな》しています。

冬休《ふゆやす》みはクリスマスとお正月《しょうがつ》があるからワクワクするね。
そうだね。でも寒《さむ》さがちょっとね……。
あれ？　タヌキさんは寒《さむ》がりだっけ？
そうだよ。だから季節《きせつ》も冬《ふゆ》より**むしろ**、夏《なつ》の方《ほう》が好《す》きなんだ。

「むしろ」はこんなイメージ

むしろの仲間《なかま》

どちらかといえば

解説《かいせつ》

「これを選《えら》ぶ」という気持《きも》ちを表《あらわ》す

2つ以上《いじょう》のものを比《くら》べることを「比較《ひかく》」と言《い》い表《あらわ》すよ。「むしろ」は比較《ひかく》の接続詞《せつぞくし》で、2つのうちのどちらか1つを選《えら》ぶときに使《つか》うんだ。「むしろ」のあとに続《つづ》く事柄《ことがら》が選《えら》んだ方《ほう》になるよ。なにかを説明《せつめい》するときには、別《べつ》のものと比較《ひかく》すると違《ちが》いがわかるし感情《かんじょう》を伝《つた》えやすいんだ。「私《わたし》はむしろラーメンが好《す》きだな」のように、比較《ひかく》する事柄《ことがら》を出《だ》さずに使《つか》うとおかしな日本語《にほんご》になるから気《き》を付《つ》けようね。

「かつ」の意味《いみ》とイメージ

キツネさんとタヌキさんが、遊《あそ》ぶ約束《やくそく》をしています。キツネさんがおやつを持《も》って、タヌキさんのお家《うち》に行《い》くようです。

おやつは
なにがいいかな？

うーん、冷《つめ》たくて
かつ甘《あま》いものが
いいなぁ。

じゃあ、
アイスクリームはどう？

いいね。
楽《たの》しみにしてるよ！

「かつ」はこんなイメージ

「冷《つめ》たい」と「甘《あま》い」を兼《か》ねそなえたものしか「かつ」に当《あ》てはまらない

かつの仲間《なかま》

なおかつ

解説《かいせつ》

2つのことを兼《か》ねそなえた様子《ようす》を示《しめ》す

「かつ」は2つの条件《じょうけん》や行動《こうどう》が同時《どうじ》に成《な》り立《た》っていることを表《あらわ》す言葉《ことば》だよ。タヌキさんのリクエストは「冷《つめ》たくてかつ甘《あま》いもの」だから、冷《つめ》たいだけの食《た》べ物《もの》でも甘《あま》いだけの食《た》べ物《もの》でもダメということになるね。

キツネさんは「かつ」を理解《りかい》していたから、「冷《つめ》たい」と「甘《あま》い」を兼《か》ねそなえたアイスクリームを提案《ていあん》できたんだ。

ほかに「冷《つめ》たくてかつ甘《あま》い」おやつはなにがあるかな?

「または」の意《い》味《み》とイメージ

キツネさんとタヌキさんが、また遊《あそ》ぶ約束《やくそく》をしています。今日《きょう》はタヌキさんがおやつを持《も》って、キツネさんのお家《うち》に行《い》くようです。

今日《きょう》のおやつはなにがいいかな？
そうだな。冷《つめ》たいおやつ、**または**甘《あま》いおやつかな。
じゃあ、チョコレートはどうだろう？
賛成《さんせい》！お家《うち》で待《ま》ってるね。

「または」はこんなイメージ

「冷《つめ》たい」ものも「甘《あま》い」ものも「冷《つめ》たくかつ甘《あま》い」ものも、「または」に当《あ》てはまる

または の仲間《なかま》

あるいは・もしくは

解説《かいせつ》

どれか１つを選《えら》ぶときは「または」が便利《べんり》

「かつ（１６４〜１６５Ｐ《ページ》）」は２つの要素《ようそ》を兼《か》ねそなえていることを表《あらわ》す言葉《ことば》だったけれど、「または」はどれか１つを選《えら》べば良《よ》い場合《ばあい》に使《つか》う接続詞《せつぞくし》だよ。「かつ」に比《くら》べると、当《あ》てはまる範囲《はんい》がかなり広《ひろ》がっているのがわかるかな。タヌキさんは、おやつの種類《しゅるい》がたくさんあってラッキーだったね。

同《おな》じ意味合《いみあ》いをもつ言葉《ことば》には「もしくは」や「あるいは」などがあるから覚《おぼ》えておこう。

タヌキさんは学級新聞係《がっきゅうしんぶんがかり》です。次《つぎ》の号《ごう》で特集《とくしゅう》する「好《す》きな遊《あそ》び」について、アンケートをお願《ねが》いしています。

もし時間《じかん》があったら、
このアンケートに
答《こた》えてくれない？

もちろんいいよ。
ここになにを
書《か》けばいいの？

好《す》きな外遊《そとあそ》び
および、
好《す》きな中遊《なかあそ》びを
書《か》いてほしいんだ。

OK《オーケー》！　迷《まよ》うけど、
鬼《おに》ごっことぬりえかなぁ。

「および」はこんなイメージ

好《す》きな外遊《そとあそ》び
好《す》きな中遊《なかあそ》び
および
似《に》たようなもの（名詞《めいし》）をつなげて、ひとまとめにする

およびの仲間《なかま》　ならびに

解説《かいせつ》

似《に》たもの同士《どうし》をつなげてまとめる

かしこまった場《ば》で使《つか》われることの多《おお》い「および」には、似《に》たようなものを並《なら》べあげてひとくくりにするはたらきがあるよ。

上《うえ》の図《ず》のように、「および」のリボンで似《に》た事柄《ことがら》をまとめるイメージで覚《おぼ》えよう。たとえば「1組《くみ》および2組《くみ》は入場《にゅうじょう》してください」と言《い》われたら、1組《くみ》も2組《くみ》も入場《にゅうじょう》するという意味《いみ》になる。

「および」は人《ひと》やものの名前《なまえ》（名詞《めいし》）をつなぐ言葉《ことば》で、動詞《どうし》や形容詞《けいようし》には使《つか》わないよ。

「ただし」の意《い》味《み》とイメージ

キツネさんとタヌキさんが、新《あたら》しくオープンした水族館《すいぞくかん》に来《き》ています。開館前《かいかんまえ》から行列《ぎょうれつ》ができているようです。

うわー、たくさん
並《なら》んでいるね。
こんなに人気《にんき》なんだ。

あそこの看板《かんばん》に
なにか書《か》いてあるよ。

「本日《ほんじつ》、入場無料《にゅうじょうむりょう》。
ただし先着《せんちゃく》200名《めい》まで！」
だって！

それでこんなに
並《なら》んでいるんだね。

「ただし」はこんなイメージ

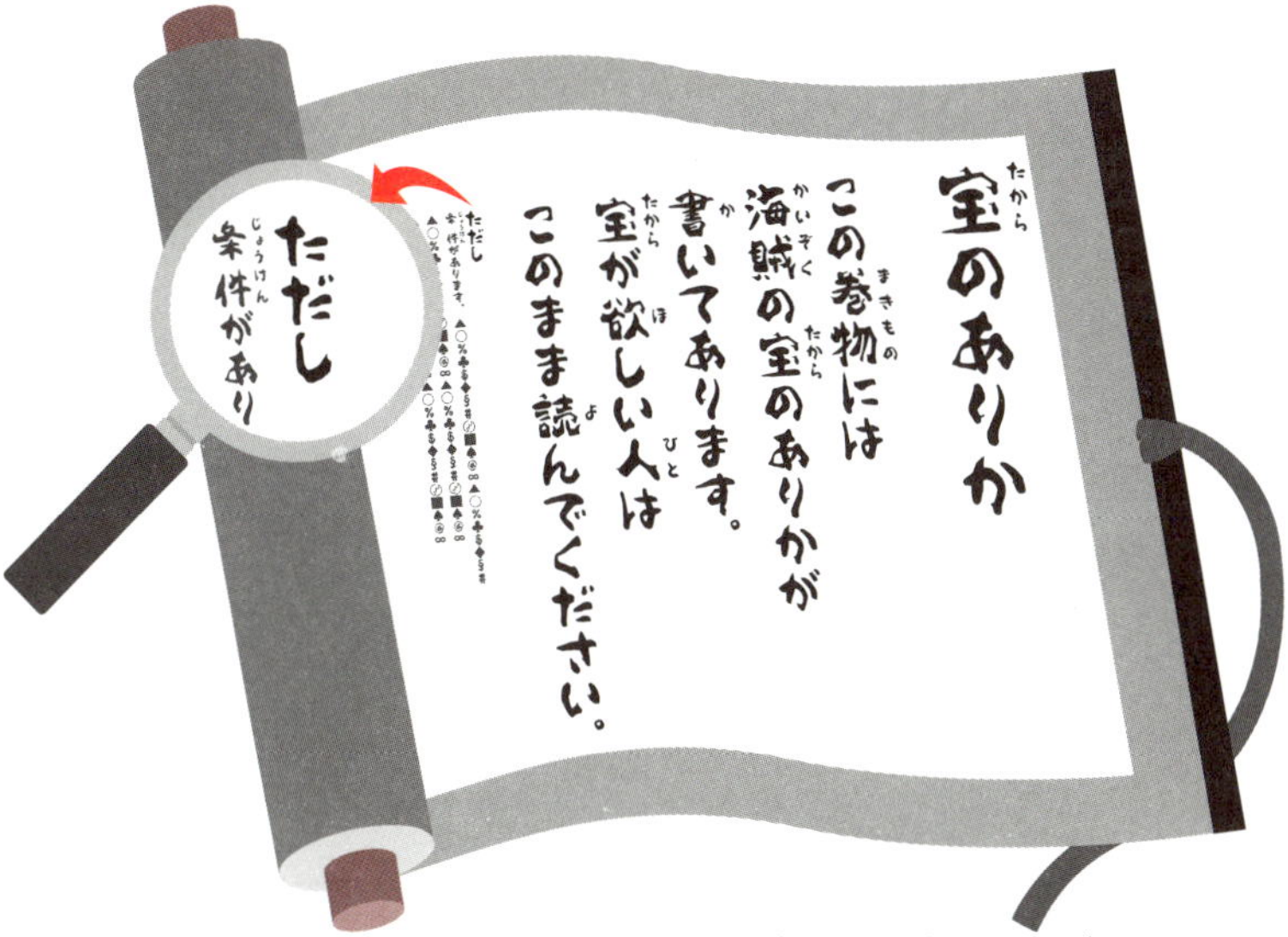

「ただし」のあとに大事《だいじ》な条件《じょうけん》や例外《れいがい》、補足《ほそく》などが書《か》かれている

ただしの仲間《なかま》　なお・とはいえ・ただ

解説《かいせつ》

例外《れいがい》や条件《じょうけん》を付《つ》け足《た》す言葉《ことば》

前《まえ》に述《の》べてあることに条件《じょうけん》や例外《れいがい》を付《つ》け足《た》すときに加《くわ》える言《こと》葉《ば》が「ただし」だよ。このはたらきから、説明書《せつめいしょ》やサービス券《けん》などに書《か》かれている「ただし」で始《はじ》まる補足《ほそく》の文章《ぶんしょう》は「ただし書《が》き」とも呼《よ》ばれているんだ。どんな場面《ばめん》でも、「ただし」が文章中《ぶんしょうちゅう》に出《で》てきたら要注意《ようちゅうい》。その後《うし》ろには条件《じょうけん》や例外的《れいがいてき》なルールなど、大事《だいじ》な情報《じょうほう》が書《か》いてあることが多《おお》いんだ。早合点《はやがてん》せずにしっかり読《よ》もうね。

「ところで」の意味《いみ》とイメージ

キツネさんとタヌキさんが、最近《さいきん》夢中《むちゅう》になっているアニメについて話《はな》しています。

来週《らいしゅう》の放送《ほうそう》が待《ま》ち遠《どお》しくて、
昨日《きのう》も録画《ろくが》を
見直《みなお》したんだよ。

その気持《きも》ち、わかる！
特《とく》にラストのセリフが
良《よ》かったよね。

あれはしびれちゃうよね。
ところで、今日《きょう》の体育《たいいく》は
縄跳《なわと》びをするんだっけ？

いや、マット運動《うんどう》
だと思《おも》うよ。

「ところで」はこんなイメージ

それまでの蛇口《じゃぐち》（話題《わだい》）を閉《し》めて、別《べつ》の蛇口《じゃぐち》（話題《わだい》）を開《ひら》くために使《つか》う

ところでの仲間《なかま》　ときに・それはそうと

解説《かいせつ》

話題《わだい》を転換《てんかん》したいなら「ところで」におまかせ

「ところで」は、話題《わだい》を変《か》えるときに使《つか》う接続詞《せつぞくし》だよ。話《はなし》の流《なが》れを水道《すいどう》にたとえるならば、それまでの蛇口《じゃぐち》（話題《わだい》）を閉《し》めて、別《べつ》の蛇口《じゃぐち》（話題《わだい》）を開《ひら》くようなはたらきをするんだ。「ところで」をうまく使《つか》えると、会《かい》話《わ》を止《と》めることなく話題《わだい》を変《か》えることができるよ。耳《みみ》が痛《いた》い話《はなし》をされているときなどは、「ところで」を使《つか》ってその話《はなし》から遠《とお》ざかるのも1つの手《て》だよね。

タヌキさんがキツネさんに折《お》り紙《がみ》を教《おし》えています。キツネさんはイヌを折《お》りたいようです。

まず、上《うえ》の角《かど》と
下《した》の角《かど》を合《あ》わせて
三角形《さんかくけい》に折《お》るよ。

うん、
ちょっと待《ま》ってね。

次《つぎ》に2つの細《ほそ》い角《かど》を少《すこ》し
下側《したがわ》に折《お》って、**最後《さいご》に**
まだ折《お》っていない角《かど》を
反対側《はんたいがわ》に折《お》ったら完成《かんせい》だよ。

よし、顔《かお》を描《か》いて
仕上《しあ》げよう。

「まず&《アンド》次《つぎ》に&《アンド》最後《さいご》に」はこんなイメージ

まず&《アンド》次《つぎ》に&《アンド》最後《さいご》にの仲間《なかま》

はじめに&《アンド》つづいて&《アンド》おわりに・第一《だいいち》に&《アンド》第二《だいに》に&《アンド》第三《だいさん》に

解説《かいせつ》

順番《じゅんばん》やポイントが単純明快《たんじゅんめいかい》に！

タヌキさんの折《お》り紙《がみ》の説明《せつめい》はとてもわかりやすいよね。その理由《りゆう》は、「まず」「次《つぎ》に」「最後《さいご》に」というつなぎ言葉《ことば》のおかげで、折《お》り方《かた》を知《し》らない人《ひと》にもきちんと手順《てじゅん》が伝《つた》わるからなんだ。日記《にっき》や作文《さくぶん》のように、時間《じかん》の流《なが》れに沿《そ》って出来事《できごと》を書《か》くときに使《つか》っても効果的《こうかてき》だよ。

さらには、「大切《たいせつ》な3つのポイント」のように伝《つた》えたいことを整理《せいり》する場合《ばあい》も役《やく》に立《た》つから、日頃《ひごろ》から意識《いしき》して使《つか》ってみてね。

「それなのに」の意味《いみ》とイメージ

タヌキさんはバスケットボールチームに入《はい》っています。昨日《きのう》の試合《しあい》の様子《ようす》をキツネさんに話《はな》しているようです。

試合《しあい》の途中《とちゅう》で、
キャプテンのオオカミさんが
手首《てくび》を痛《いた》めちゃったんだ。

その後《ご》、どうなったの？

ケガで動《うご》きが悪《わる》くなると
思《おも》うでしょ？
それなのに大活躍《だいかつやく》で、
試合《しあい》も勝《か》ったんだよ。

それはすごいね！
勝利《しょうり》おめでとう！

「それなのに」はこんなイメージ

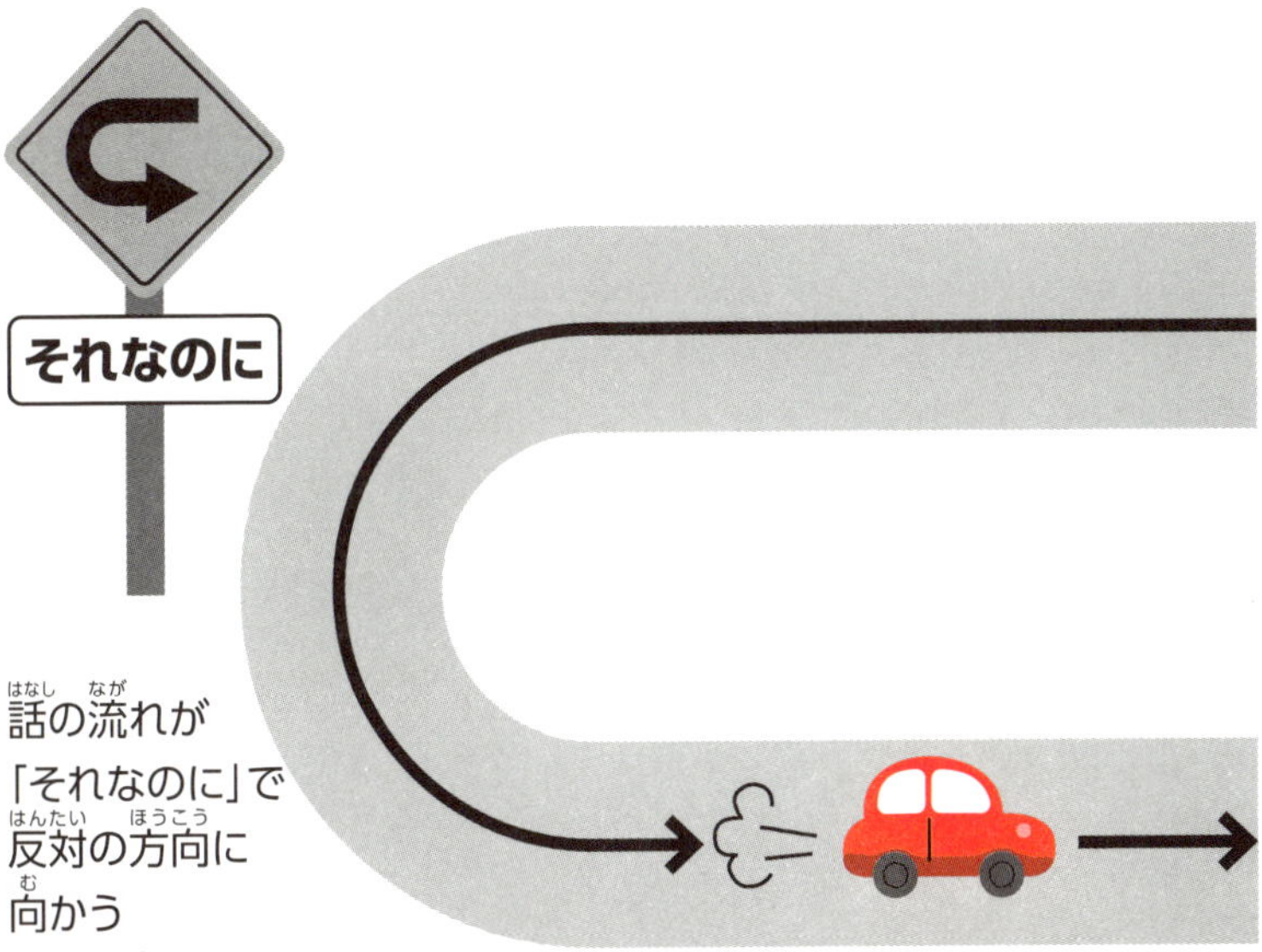

話《はなし》の流《なが》れが「それなのに」で反対《はんたい》の方向《ほうこう》に向《む》かう

それなのにの仲間《なかま》　にもかかわらず・なのに

解説《かいせつ》

想定外《そうていがい》の結末《けつまつ》を予告《よこく》する接続詞《せつぞくし》

「それなのに」は進行方向《しんこうほうこう》を真逆《まぎゃく》に変《か》えるU《ユー》ターン標識《ひょうしき》のような接続詞《せつぞくし》なんだ。良《よ》い意味《いみ》でも悪《わる》い意味《いみ》でも、自分《じぶん》の予想《よそう》とは反対《はんたい》の結末《けつまつ》を迎《むか》えることを示《しめ》すはたらきがあるよ。

タヌキさんのセリフからも読《よ》み取《と》れるように、驚《おどろ》きの気持《きも》ちを表《あらわ》す効果《こうか》もあるんだ。「それなのに」は基本的《きほんてき》に、日常《にちじょう》での会話《かいわ》で使《つか》う話《はな》し言葉《ことば》。作文《さくぶん》などでは書《か》き言葉《ことば》である「（それ）にもかかわらず」を使《つか》おう。

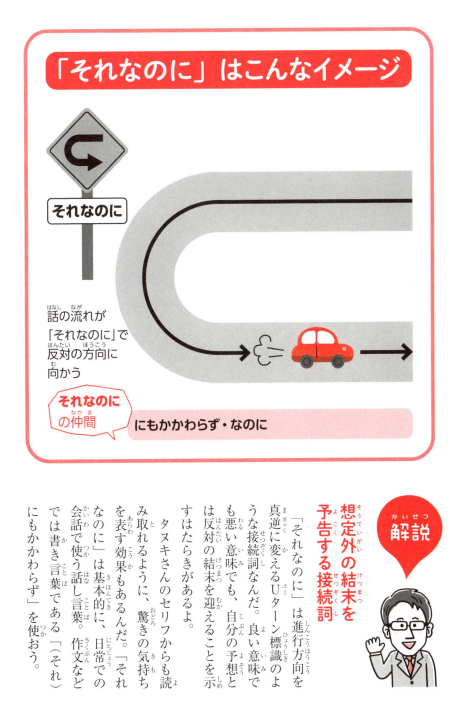

「そのかわり」の意味《いみ》とイメージ

タヌキさんとキツネさんが、図書館《としょかん》で地《ち》域《いき》の歴史《れきし》について調《しら》べ学習《がくしゅう》をしています。

この地域《ちいき》は昔《むかし》、海《うみ》の底《そこ》
だったんだね。
この本《ほん》に書《か》いてあるよ。

そうなんだ。
その情報《じょうほう》を私《わたし》の
発表《はっぴょう》に入《い》れていい？

別《べつ》にいいよ。
そのかわり、キツネさんが
調《しら》べたことも教《おし》えてよ。

まかせて！

「そのかわり」はこんなイメージ

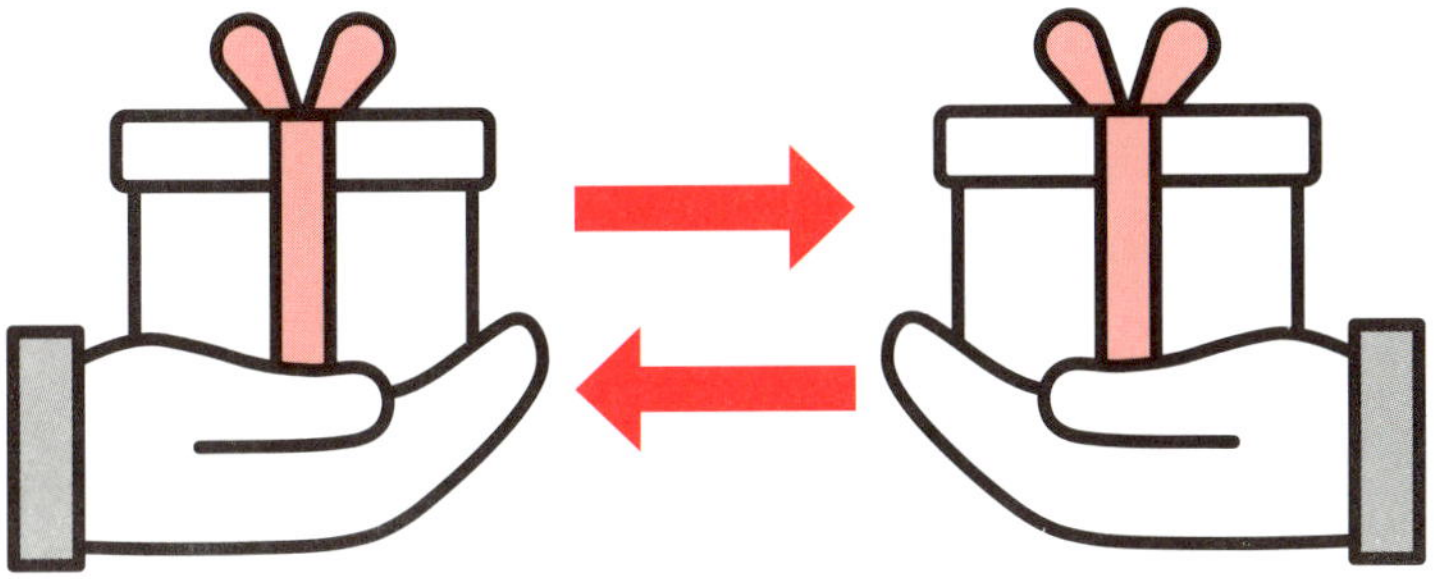

なにかをするのと引《ひ》き換《か》えに
別《べつ》のものを得《え》たり、失《うしな》ったりする

そのかわりの仲間《なかま》

かわりに

解説《かいせつ》

同《おな》じような事柄《ことがら》を交換《こうかん》する言葉《ことば》

お願《ねが》いをしたりされたり、世《よ》の中《なか》は交渉《こうしょう》ごとであふれているよね。「そのかわり」は交渉《こうしょう》の場《ば》でよく使《つか》われる言葉《ことば》で、どちらか一方《いっぽう》の行動《こうどう》を受《う》け入《い》れることと引《ひ》き換《か》えに、もう一方《いっぽう》になにかを期待《きたい》することを表《あらわ》すよ。「そのかわり」を使《つか》った交渉《こうしょう》で大事《だいじ》なのは、釣《つ》り合《あ》っている事《こと》柄《がら》を示《しめ》すこと。タヌキさんが「そのかわり10万円《まんえん》ちょうだい」なんて言《い》ったら、断《ことわ》られるのは目《め》に見《み》えるよね。

「ちなみに」の意《い》味《み》とイメージ

キツネさんとタヌキさんが「ちょっと自《じ》慢《まん》できること」を発表《はっぴょう》しあっています。

赤《あか》ちゃんのときにモデルをしていて、雑誌《ざっし》の表紙《ひょうし》に載《の》ったこともあるんだ。

ルービックキューブを2分以内《ふんいない》にそろえられる！

どうぶつ市《し》のマラソン大会《たいかい》で2位《い》になったよ。**ちなみに**参加者《さんかしゃ》は50人《にん》だったよ。

小学校《しょうがっこう》に入《はい》ってから、1日《にち》もかかさずに日記《にっき》を書《か》いているよ。

「ちなみに」はこんなイメージ

ちなみにの仲間《なかま》　ついでに言《い》うと・余談《よだん》ですが

解説《かいせつ》

おまけの情報《じょうほう》をちょい足《た》し

　話《はなし》の本筋《ほんすじ》には直接関係《ちょくせつかんけい》ないけれど、言《い》っておいた方《ほう》がいいかな？と思《おも》うような情報《じょうほう》は、「ちなみに」を使《つか》って補足《ほそく》しよう。情報《じょうほう》を付《つ》け足《た》すはたらきは「ただし（１７０〜１７１Ｐ《ページ》）」と似《に》ているけれど、こちらはあくまで「おまけの情報《じょうほう》」ぐらいの重要度《じゅうようど》に限《かぎ》られるよ。

　同義語《どうぎご》には「ついでに言《い》うと」のほかに「余談《よだん》ですが」がある。これを使《つか》えたら大人《おとな》顔《かお》負《ま》けの語《ご》彙力《いりょく》の持《も》ち主《ぬし》だね。

「一方《いっぽう》」の意味《いみ》とイメージ

キツネさんとタヌキさんが、地域《ちいき》の歴史《れきし》について調《しら》べたことを発表《はっぴょう》しています。

このように、私《わたし》たちが暮《く》らす地域《ちいき》にはたくさんの魅力《みりょく》があることがわかりました。

一方《いっぽう》、解決《かいけつ》しなくてはいけない問題《もんだい》を抱《かか》えているのも事実《じじつ》です。

たとえば、町《まち》の中心《ちゅうしん》を流《なが》れている川《かわ》にはポイ捨《す》てされたゴミがたくさんあります。

昔《むかし》に比《くら》べると川《かわ》の水質《すいしつ》が悪化《あっか》し、魚《さかな》の数《かず》も減《へ》っているそうです。

「一方《いっぽう》」はこんなイメージ

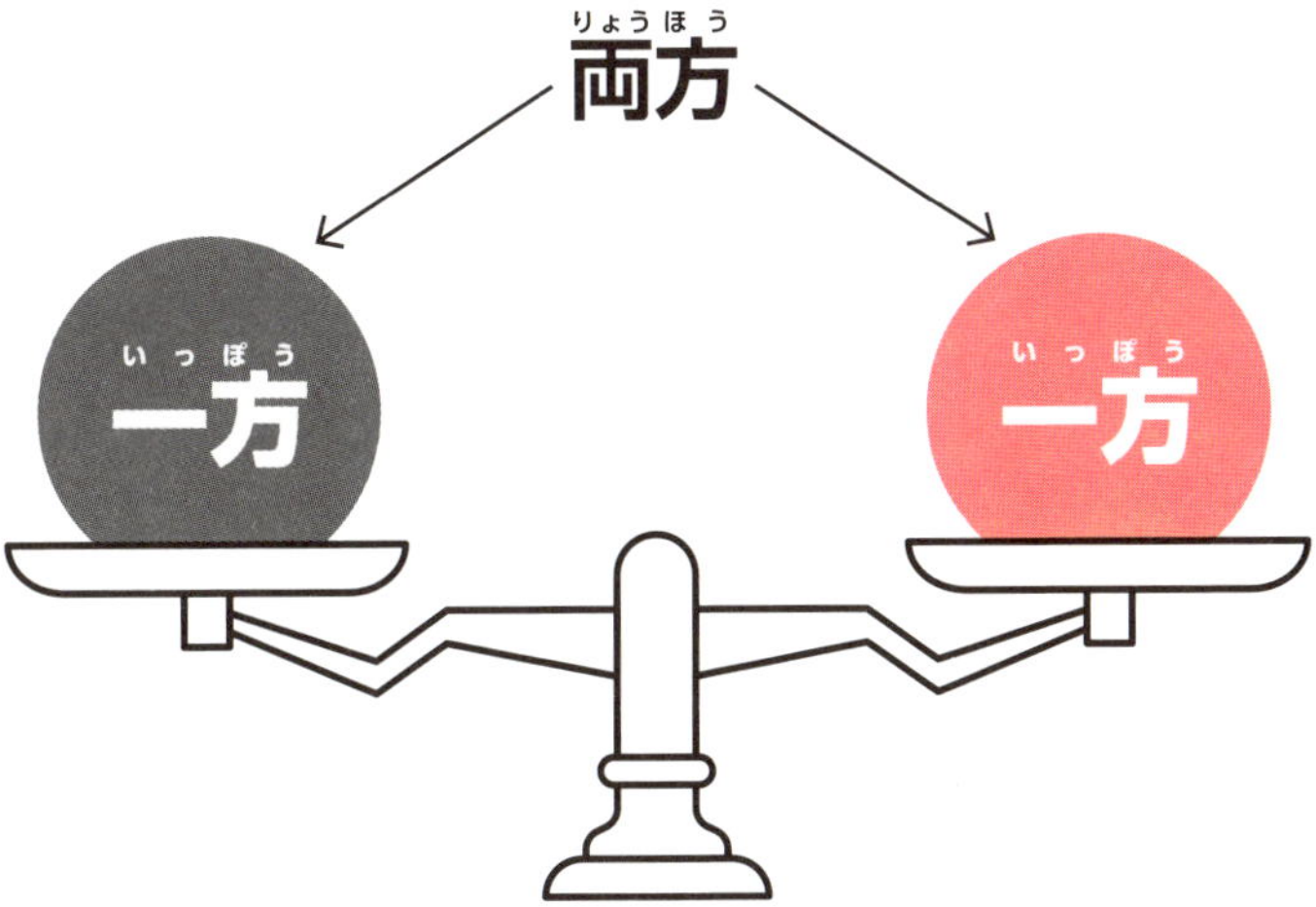

一方《いっぽう》の仲間《なかま》

他方《たほう》・その一方《いっぽう》で

解説《かいせつ》

対《つい》になっている事柄《ことがら》を示《しめ》す

賛成《さんせい》と反対《はんたい》、多数派《たすうは》と少数派《しょうすうは》、プラス面《めん》とマイナス面《めん》など、物事《ものごと》の異《こと》なる見方《みかた》を対《つい》にして示《しめ》す言葉《ことば》が「一方《いっぽう》」だよ。客観的《きゃっかんてき》な判断《はんだん》を下《くだ》すためには、思《おも》いこみにとらわれず物事《ものごと》の両面《りょうめん》から事実《じじつ》を見《み》ることが大切《たいせつ》なんだ。

そのためにも、なにかを考《かんが》えたりトラブルが起《お》こったりしたときには、自分《じぶん》とは異《こと》なる「一《いっ》方《ぽう》」に思《おも》いを寄《よ》せてみよう。視野《しや》と理解《りかい》が深《ふか》まり、新《あら》たな発見《はっけん》があるかもしれないよ。

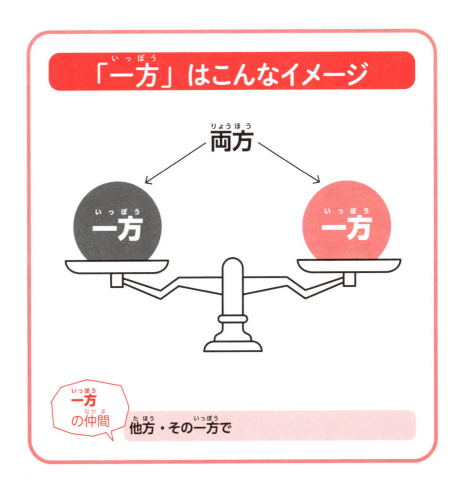

「もし」の意味《いみ》とイメージ

明日《あした》は待《ま》ちに待《ま》った遠足《えんそく》です。天気次第《てんきしだい》でどんな行動《こうどう》を取《と》ればいいのか、キツネさんとタヌキさんが確認《かくにん》しています。

晴《は》れやくもりだったら、
7時《じ》30分《ぷん》に学校《がっこう》に
集合《しゅうごう》するんだよね。

そうだよ。
もし、雨《あめ》が降《ふ》った
場合《ばあい》は……。

遠足《えんそく》に行《い》くか
延期《えんき》にするか、7時《じ》までに
学校《がっこう》からメールが来《く》る。

もし延期《えんき》になったら、
いつも通《どお》りの時間《じかん》に
登校《とうこう》する、だね。

「もし」はこんなイメージ

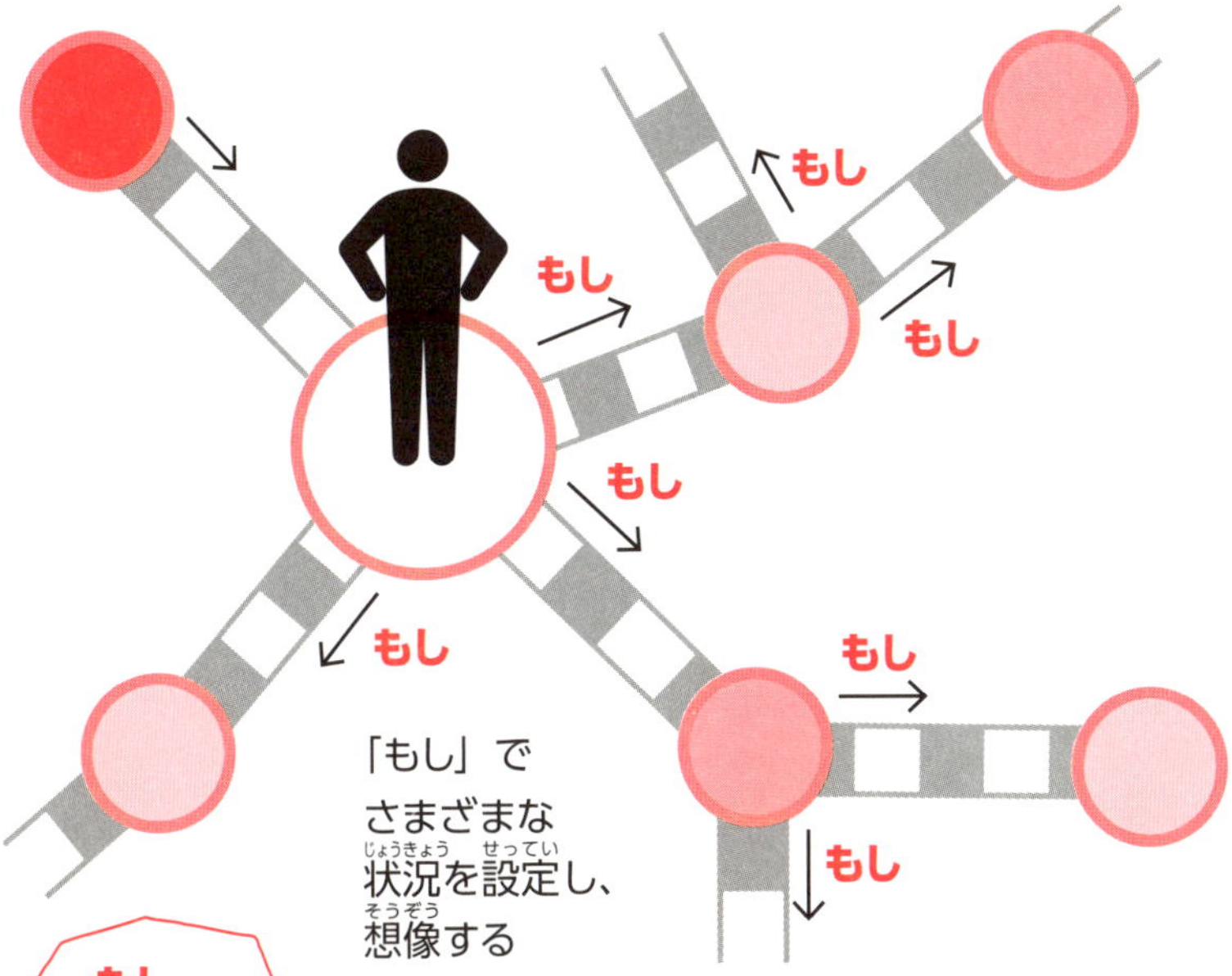

もしの仲間《なかま》

仮《かり》に・もしも

解説《かいせつ》

「もし」は想像《そうぞう》とセットで使《つか》う

「もし」は「仮《かり》に考《かんが》えてみると」という意味《いみ》をもつ「仮定《かてい》」のつなぐ言葉《ことば》で、2種類《しゅるい》の使《つか》い方《かた》があるよ。1つ目《め》はタヌキさんたちが話《はな》しているように、未来《みらい》に起《お》きる可能性《かのうせい》がある事態《じたい》について想像《そうぞう》するときだね。この事態《じたい》の起《お》きる確率《かくりつ》は高《たか》くない場合《ばあい》が多《おお》いよ。2つ目《め》は今《いま》の現実《げんじつ》では起《お》こりえない事態《じたい》を想像《そうぞう》する場合《ばあい》に使《つか》うんだ。たとえば「もし私《わたし》が鳥《とり》だったら、外国《がいこく》まで飛《と》んでいく」のような使《つか》い方《かた》だよ。

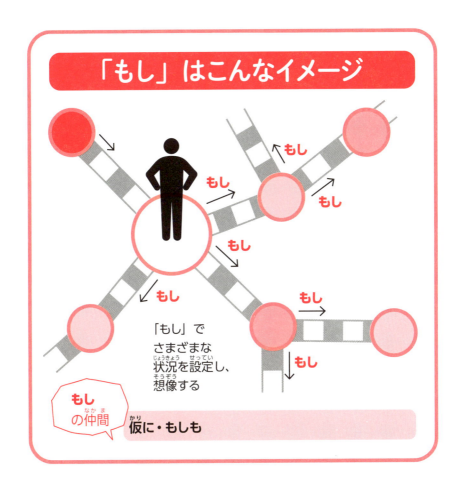

「必《かなら》ず・ほぼ・多分《たぶん》・ひょっとすると」の意味《いみ》とイメージ

タヌキさんはスイミングを習《なら》っています。進級《しんきゅう》テストを受《う》けたのですが、あまり自信《じしん》がないようです。

大丈夫《だいじょうぶ》だよ！
必《かなら》ず合格《ごうかく》するって。

ダメだよ、
ほぼ不合格《ふごうかく》だと思《おも》う。

弱気《よわき》だなぁ。
調子《ちょうし》も悪《わる》くなかったし、
多分《たぶん》合格《ごうかく》してるって。

そうかな。
ひょっとすると
合格《ごうかく》してるかも。

「必《かなら》ず・ほぼ・多分《たぶん》・ひょっとすると」はこんなイメージ

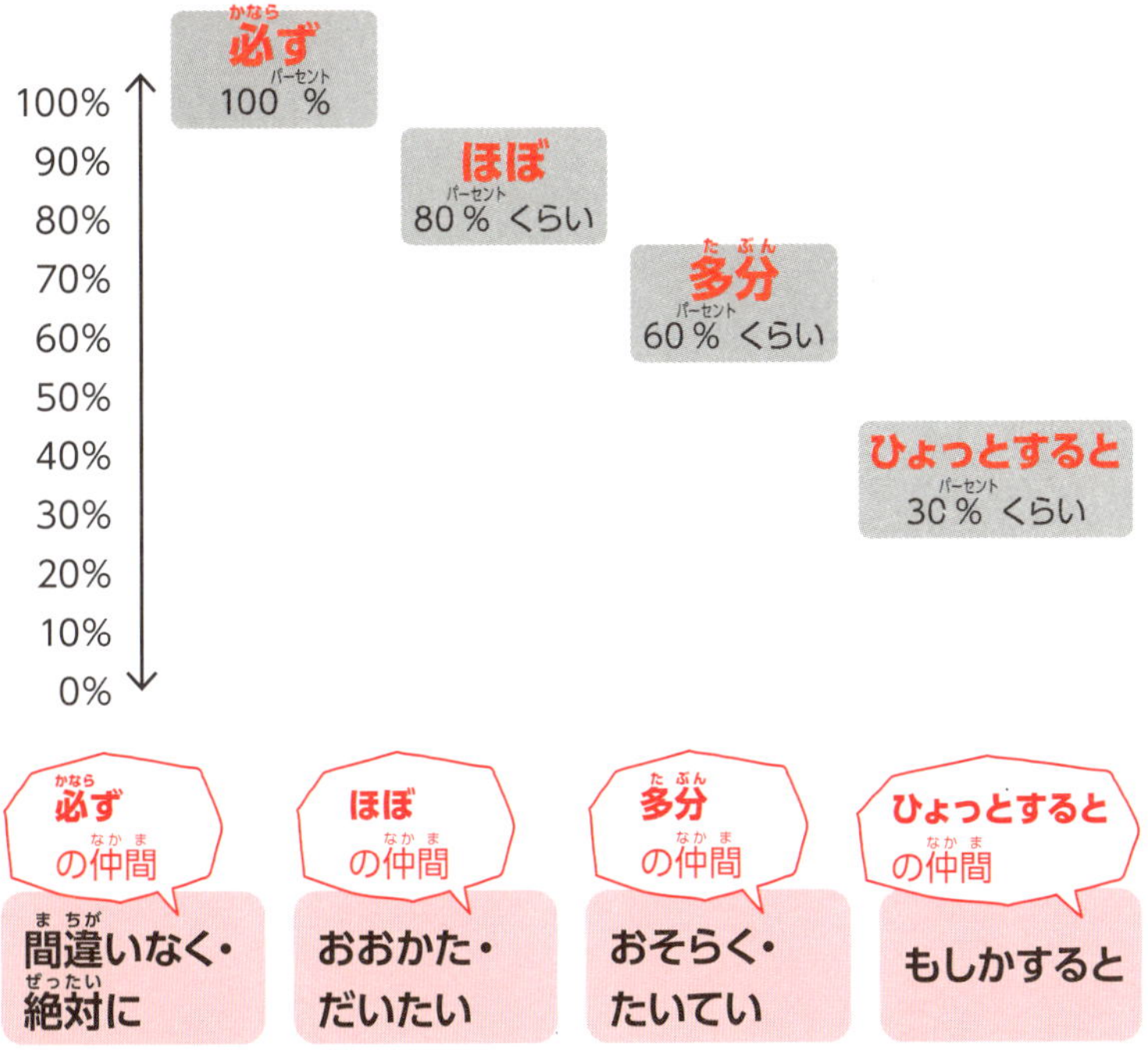

解説《かいせつ》

状況《じょうきょう》に応《おう》じて使《つか》い分《わ》けよう

ここでは物事《ものごと》の起《お》きる可能性《かのうせい》の高《たか》い低《ひく》いを表《あらわ》す言葉《ことば》をチェックしていくよ。「必《かなら》ず」は間違《まちが》いなく起《お》きる気持《きも》ちを表《あらわ》す言葉《ことば》で、確率的《かくりつてき》には１００％《パーセント》。

「ほぼ」は80％《パーセント》程度《ていど》、「多《た》分《ぶん》」は60％《パーセント》程度《ていど》、「ひょっとすると」は30％《パーセント》程度《ていど》だとイメージしよう。起《お》きるか起《お》きないかが同《おな》じ確率《かくりつ》となる50％《パーセント》を意味《いみ》する言葉《ことば》には、「五分五分《ごぶごぶ》」や「フィフティーフィフティー」や「半半《はんはん》」などがあるよ。

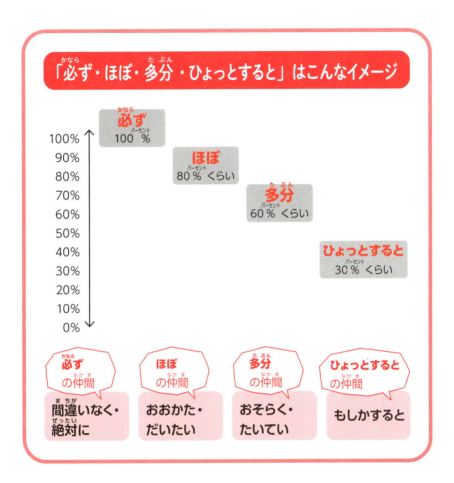

STEP《ステップ》

5

名作《めいさく》を論理的《ろんりてき》に理解《りかい》しよう

論理的思考力《ろんりてきしこうりょく》は、文学作品《ぶんがくさくひん》を読《よ》み解《と》く助《たす》けにもなってくれるんだ。
作品《さくひん》に描《えが》かれている世界観《せかいかん》や登場人物《とうじょうじんぶつ》について考《かんが》えながら、
より深《ふか》く、より豊《ゆた》かに名作《めいさく》を理解《りかい》しよう。

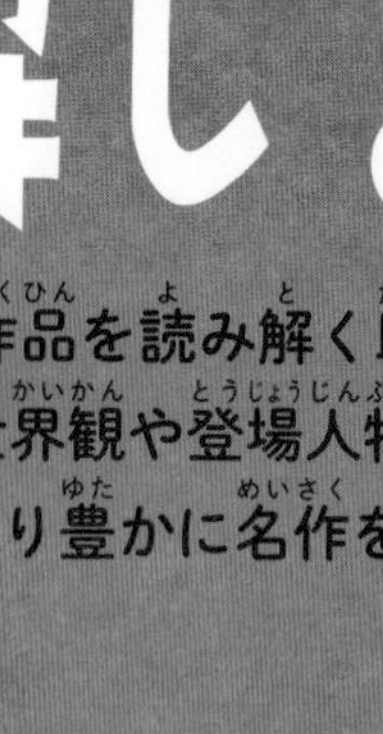

この STEP《ステップ》の使《つか》い方《かた》・読《よ》み方《かた》

意識《いしき》していないかもしれないけれど、文章《ぶんしょう》を「読《よ》む」ことは同時《どうじ》に「考《かんが》える」ことでもあるんだ。作者《さくしゃ》の気持《きも》ちや登場人物《とうじょうじんぶつ》の心情《しんじょう》について、筋道《すじみち》を立《た》てながら考《かんが》えていこう。声《こえ》に出《だ》して読《よ》むと理解《りかい》しやすくなるよ。

名作《めいさく》

一度《いちど》は読《よ》んでほしい名文《めいぶん》や面白《おもしろ》い作品《さくひん》を集《あつ》めたよ。続《つづ》きが気《き》になる人《ひと》は、本編《ほんぺん》もぜひ読《よ》んでほしいな。

タイトル＆問題《アンドもんだい》

そのページで取《と》り上《あ》げる名作《めいさく》を理解《りかい》するためのテーマと問題《もんだい》が書《か》いてあるよ。

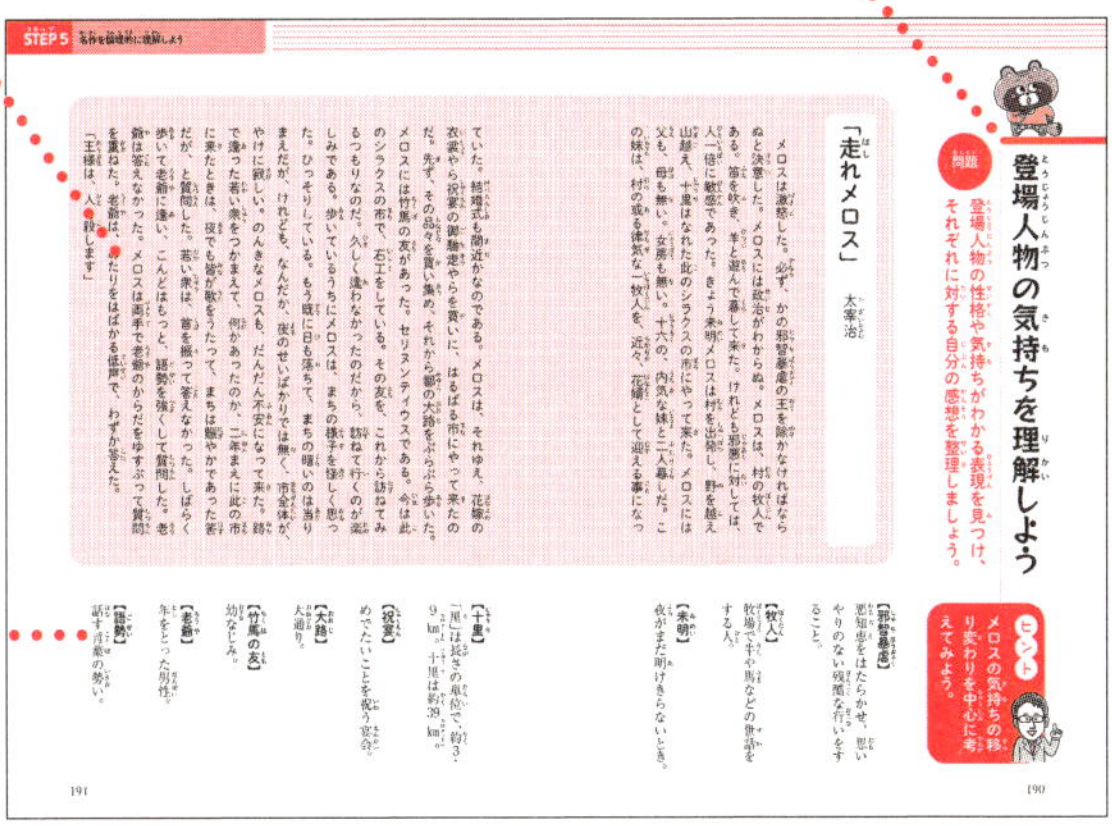

難語解説《なんごかいせつ》

難《むずか》しい言葉《ことば》の意味《いみ》が書《か》いてあるよ。

答《こた》えの例《れい》

問題《もんだい》に対《たい》する答《こた》え。あくまでも考《かんが》え方《かた》の１つであって、別《べつ》の答《こた》えがある場合《ばあい》もあるよ。

解説《かいせつ》

名作《めいさく》の内容《ないよう》や文学作品《ぶんがくさくひん》を読《よ》む際《さい》に大事《だいじ》なポイントなどを解説《かいせつ》したよ。

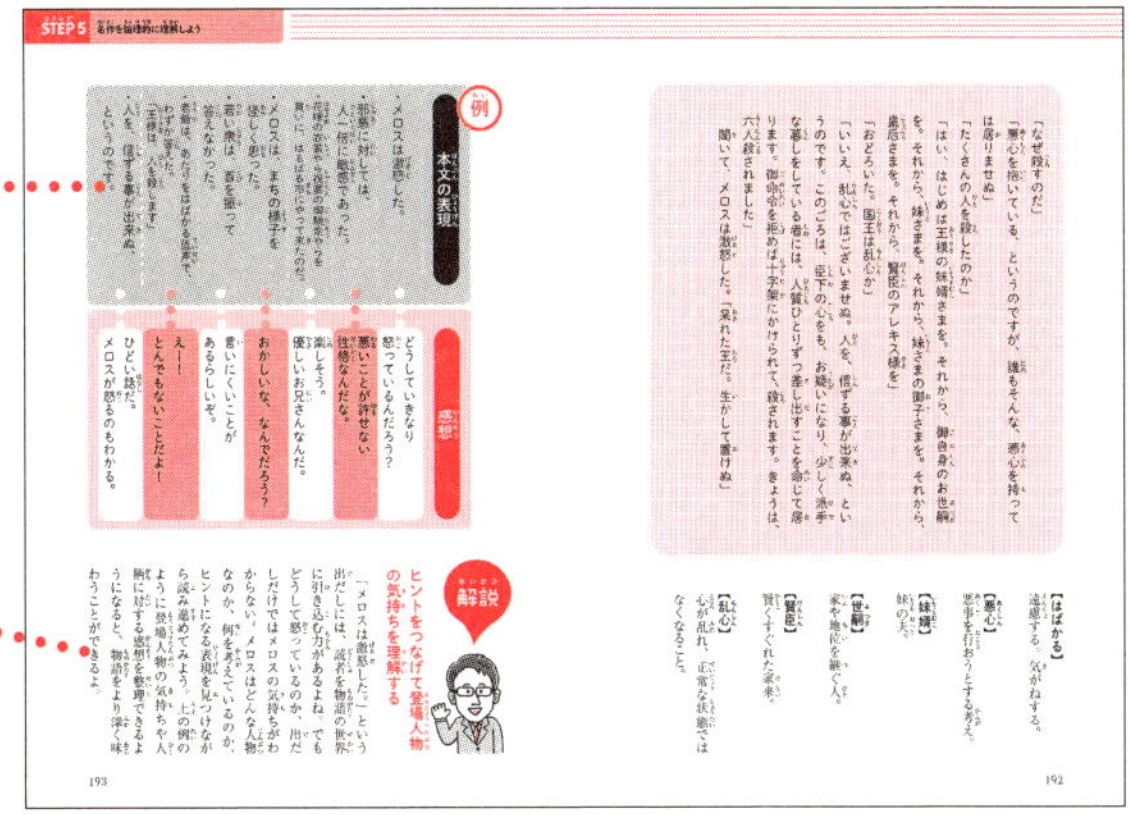

登場《とうじょう》人物《じんぶつ》の気持《きも》ちを理解《りかい》しよう

問題《もんだい》

登場人物《とうじょうじんぶつ》の性格《せいかく》や気持《きも》ちがわかる表現《ひょうげん》を見《み》つけ、それぞれに対《たい》する自分《じぶん》の感想《かんそう》を整理《せいり》しましょう。

ヒント

メロスの気持《きも》ちの移《うつ》り変《か》わりを中心《ちゅうしん》に考《かんが》えてみよう。

「走《はし》れメロス」

太宰治《だざいおさむ》

メロスは激怒《げきど》した。必《かなら》ず、かの邪智暴虐《じゃちぼうぎゃく》の王《おう》を除《のぞ》かなければならぬと決意《けつい》した。メロスには政治《せいじ》がわからぬ。メロスは、村《むら》の牧人《ぼくじん》である。笛《ふえ》を吹《ふ》き、羊《ひつじ》と遊《あそ》んで暮《くら》して来《き》た。けれども邪悪《じゃあく》に対《たい》しては、人一倍《ひといちばい》に敏感《びんかん》であった。きょう未明《みめい》メロスは村《むら》を出発《しゅっぱつ》し、野《の》を越《こ》え山《やま》越《こ》え、十里《じゅうり》はなれた此《こ》のシラクスの市《まち》にやって来《き》た。メロスには父《ちち》も、母《はは》も無《な》い。女房《にょうぼう》も無《な》い。十六《じゅうろく》の、内気《うちき》な妹《いもうと》と二人暮《ふたりぐら》しだ。この妹《いもうと》は、村《むら》の或《あ》る律気《りちぎ》な一牧人《いちぼくじん》を、近々《ちかぢか》、花婿《はなむこ》として迎《むか》える事《こと》になっ

【邪智暴虐《じゃちぼうぎゃく》】 悪知恵《わるぢえ》をはたらかせ、思《おも》いやりのない残酷《ざんこく》な行《おこな》いをすること。

【牧人《ぼくじん》】 牧場《ぼくじょう》で牛《うし》や馬《うま》などの世話《せわ》をする人《ひと》。

【未明《みめい》】 夜《よる》がまだ明《あ》けきらないとき。

ていた。結婚式《けっこんしき》も間近《まぢか》なのである。メロスは、それゆえ、花嫁《はなよめ》の衣裳《いしょう》やら祝宴《しゅくえん》の御馳走《ごちそう》やらを買《か》いに、はるばる市《まち》にやって来《き》たのだ。先《ま》ず、その品々《しなじな》を買《か》い集《あつ》め、それから都《みやこ》の大路《おおじ》をぶらぶら歩《ある》いた。メロスには竹馬《ちくば》の友《とも》があった。セリヌンティウスである。今《いま》は此《こ》のシラクスの市《まち》で、石工《いしく》をしている。その友《とも》を、これから訪《たず》ねてみるつもりなのだ。久《ひさ》しく逢《あ》わなかったのだから、訪《たず》ねて行《い》くのが楽《たの》しみである。歩《ある》いているうちにメロスは、まちの様子《ようす》を怪《あや》しく思《おも》った。ひっそりしている。もう既《すで》に日《ひ》も落《お》ちて、まちの暗《くら》いのは当《あた》りまえだが、けれども、なんだか、夜《よる》のせいばかりでは無《な》く、市全体《まちぜんたい》が、やけに寂《さび》しい。のんきなメロスも、だんだん不安《ふあん》になって来《き》た。路《みち》で逢《あ》った若《わか》い衆《しゅう》をつかまえて、何《なに》かあったのか、二年《にねん》まえに此《こ》の市《まち》に来《き》たときは、夜《よる》でも皆《みな》が歌《うた》をうたって、まちは賑《にぎ》やかであった筈《はず》だが、と質問《しつもん》した。若《わか》い衆《しゅう》は、首《くび》を振《ふ》って答《こた》えなかった。しばらく歩《ある》いて老爺《ろうや》に逢《あ》い、こんどはもっと、語勢《ごせい》を強《つよ》くして質問《しつもん》した。老爺《ろうや》は答《こた》えなかった。メロスは両手《りょうて》で老爺《ろうや》のからだをゆすぶって質問《しつもん》を重《かさ》ねた。老爺《ろうや》は、あたりをはばかる低声《ていせい》で、わずか答《こた》えた。

「王様《おうさま》は、人《ひと》を殺《ころ》します」

【十里《じゅうり》】「里《り》」は長《なが》さの単位《たんい》で、約《やく》3・9㎞《キロメートル》。十里《じゅうり》は約《やく》39㎞《キロメートル》。

【祝宴《しゅくえん》】めでたいことを祝《いわ》う宴会《えんかい》。

【大路《おおじ》】大通《おおどお》り。

【竹馬《ちくば》の友《とも》】幼《おさな》なじみ。

【老爺《ろうや》】年《とし》をとった男性《だんせい》。

【語勢《ごせい》】話《はな》す言葉《ことば》の勢《いきお》い。

「なぜ殺《ころ》すのだ」
「悪心《あくしん》を抱《いだ》いている、というのですが、誰《だれ》もそんな、悪心《あくしん》を持《も》っては居《お》りませぬ」
「たくさんの人《ひと》を殺《ころ》したのか」
「はい、はじめは王様《おうさま》の妹婿《いもうとむこ》さまを。それから、御自身《ごじしん》のお世嗣《よつぎ》を。それから、妹《いもうと》さまを。それから、妹《いもうと》さまの御子《おこ》さまを。それから、皇后《こうごう》さまを。それから、賢臣《けんしん》のアレキス様《さま》を」
「おどろいた。国王《こくおう》は乱心《らんしん》か」
「いいえ、乱心《らんしん》ではございませぬ。人《ひと》を、信《しん》ずる事《こと》が出来《でき》ぬ、というのです。このごろは、臣下《しんか》の心《こころ》をも、お疑《うたが》いになり、少《すこ》しく派手《はで》な暮《くら》しをしている者《もの》には、人質《ひとじち》ひとりずつ差《さ》し出《だ》すことを命《めい》じて居《お》ります。御命令《ごめいれい》を拒《こば》めば十字架《じゅうじか》にかけられて、殺《ころ》されます。きょうは、六人殺《ろくにんころ》されました」
聞《き》いて、メロスは激怒《げきど》した。「呆《あき》れた王《おう》だ。生《い》かして置《お》けぬ」

【はばかる】遠慮《えんりょ》する。気《き》がねする。

【悪心《あくしん》】悪事《あくじ》を行《おこな》おうとする考《かんが》え。

【妹婿《いもうとむこ》】妹《いもうと》の夫《おっと》。

【世嗣《よつぎ》】家《いえ》や地位《ちい》を継《つ》ぐ人《ひと》。

【賢臣《けんしん》】賢《かしこ》くすぐれた家来《けらい》。

【乱心《らんしん》】心《こころ》が乱《みだ》れ、正常《せいじょう》な状態《じょうたい》ではなくなること。

例《れい》

本文《ほんぶん》の表現《ひょうげん》

・メロスは激怒《げきど》した。

・邪悪《じゃあく》に対《たい》しては、人一倍《ひといちばい》に敏感《びんかん》であった。

・花嫁《はなよめ》の衣裳《いしょう》やら祝宴《しゅくえん》の御馳走《ごちそう》やらを買《か》いに、はるばる市《まち》にやって来《き》たのだ。

・メロスは、まちの様子《ようす》を怪《あや》しく思《おも》った。

・若《わか》い衆《しゅう》は、首《くび》を振《ふ》って答《こた》えなかった。

・老爺《ろうや》は、あたりをはばかる低声《ていせい》で、わずか答《こた》えた。「王様《おうさま》は、人《ひと》を殺《ころ》します」

・人《ひと》を、信《しん》ずる事《こと》が出来《でき》ぬ、というのです。

感想《かんそう》

どうしていきなり怒《おこ》っているんだろう？

悪《わる》いことが許《ゆる》せない性格《せいかく》なんだな。

楽《たの》しそう。優《やさ》しいお兄《にい》さんなんだ。

おかしいな、なんでだろう？

言《い》いにくいことがあるらしいぞ。

えー！とんでもないことだよ！

ひどい話《はなし》だ。メロスが怒《おこ》るのもわかる。

解説《かいせつ》

ヒントをつなげて登場人物《とうじょうじんぶつ》の気持《きも》ちを理解《りかい》する

「メロスは激怒《げきど》した。」という出《で》だしには、読者《どくしゃ》を物語《ものがたり》の世界《せかい》に引《ひ》き込《こ》む力《ちから》があるよね。でもどうして怒《おこ》っているのか、出《で》だしだけではメロスの気持《きも》ちがわからない。メロスはどんな人物《じんぶつ》なのか、なにを考《かんが》えているのか、ヒントになる表現《ひょうげん》を見《み》つけながら読《よ》み進《すす》めてみよう。上《うえ》の例《れい》のように登場人物《とうじょうじんぶつ》の気持《きも》ちや人柄《ひとがら》に対《たい》する感想《かんそう》を整理《せいり》できるようになると、物語《ものがたり》をより深《ふか》く味《あじ》わうことができるよ。

物語《ものがたり》に登場《とうじょう》する景色《けしき》を理解《りかい》しよう

問題《もんだい》

御釈迦様《おしゃかさま》のいる極楽《ごくらく》と犍陀多《かんだた》のいる地獄《じごく》はどんなつくりになっているのか、考《かんが》えてみましょう。

ヒント

物語《ものがたり》を読《よ》み進《すす》めながら頭《あたま》の中《なか》で整理《せいり》してみよう。

「蜘蛛《くも》の糸《いと》」

芥川龍之介《あくたがわりゅうのすけ》

一《いち》

或日《あるひ》の事《こと》でございます。御釈迦様《おしゃかさま》は極楽《ごくらく》の蓮池《はすいけ》のふちを、独《ひと》りでぶらぶら御歩《おある》きになっていらっしゃいました。池《いけ》の中《なか》に咲《さ》いている蓮《はす》の花《はな》は、みんな玉《たま》のようにまっ白《しろ》で、そのまん中《なか》にある金色《きんいろ》の蕊《ずい》からは、何《なん》とも云《い》えない好《よ》い匂《におい》が、絶間《たえま》なくあたりへ溢《あふ》れております。極楽《ごくらく》は丁度《ちょうど》朝《あさ》なのでございましょう。

【御釈迦様《おしゃかさま》】釈迦《しゃか》。仏教《ぶっきょう》を開《ひら》いたインドの人《ひと》。

【極楽《ごくらく》】仏教《ぶっきょう》で、良《よ》いことをした人《ひと》が死後《しご》に行《い》くとされるところ。

【玉《たま》】宝石《ほうせき》。

やがて御釈迦様《おしゃかさま》はその池《いけ》のふちに御佇《おたたず》みになって、水《みず》の面《おもて》を蔽《おお》っている蓮《はす》の葉《は》の間《あいだ》から、ふと下《した》の容子《ようす》を御覧《ごらん》になりました。この極《ごく》楽《らく》の蓮池《はすいけ》の下《した》は、丁度《ちょうど》地獄《じごく》の底《そこ》に当《あた》っておりますから、水晶《すいしょう》のような水《みず》を透《す》き徹《とお》して、三途《さんず》の河《かわ》や針《はり》の山《やま》の景色《けしき》が、丁度《ちょうど》覗《のぞ》き眼鏡《めがね》を見《み》るように、はっきりと見《み》えるのでございます。

するとその地獄《じごく》の底《そこ》に、犍陀多《かんだた》と云《い》う男《おとこ》が一人《ひとり》、外《ほか》の罪人《ざいにん》と一《いっ》しょに蠢《うごめ》いている姿《すがた》が、御眼《おめ》に止《とま》りました。この犍陀多《かんだた》と云《い》う男《おとこ》は、人《ひと》を殺《ころ》したり家《いえ》に火《ひ》をつけたり、いろいろ悪事《あくじ》を働《はたら》いた大泥坊《おおどろぼう》でございますが、それでもたった一《ひと》つ、善《よ》い事《こと》を致《いた》した覚《おぼ》えがございます。と申《もう》しますのは、或時《あるとき》この男《おとこ》が深《ふか》い林《はやし》の中《なか》を通《とお》りますと、小《ちい》さな蜘《く》蛛《も》が一匹《いっぴき》、路《みち》ばたを這《は》って行《い》くのが見《み》えました。そこで犍陀多《かんだた》は早《さっ》速《そく》足《あし》を挙《あ》げて、踏《ふ》み殺《ころ》そうと致《いた》しましたが、「いや、いや、これも小《ちい》さいながら、命《いのち》のあるものに違《ちが》いない。その命《いのち》を無暗《むやみ》にとると云《い》う事《こと》は、いくら何《なん》でも可哀《かわい》そうだ」と、こう急《きゅう》に思《おも》い返《かえ》して、とうとうその蜘《く》蛛《も》を殺《ころ》さずに助《たす》けてやったからでございます。

御釈迦様《おしゃかさま》は地獄《じごく》の容子《ようす》を御覧《ごらん》になりながら、この犍陀多《かんだた》には蜘《く》蛛《も》を助《たす》けた事《こと》があるのを御思《おおも》い出《だ》しになりました。そうしてそれだけ

【蕊《ずい》】
おしべとめしべ。

【ふち】
物《もの》のはし。まわり。

【容子《ようす》】
様子《ようす》のこと。

【地獄《じごく》】
仏教《ぶっきょう》で、悪《わる》いことをした人《ひと》が死後《しご》に行《い》くとされるところ。

【三途《さんず》の河《かわ》】
仏教《ぶっきょう》で死《し》んだ人《ひと》が渡《わた》るとされる川《かわ》。

の善《よ》い事《こと》をした報《むくい》には、出来《でき》るなら、この男《おとこ》を地獄《じごく》から救《すく》い出《だ》してやろうと御考《おかんが》えになりました。幸《さいわ》い、側《そば》を見《み》ますと、翡翠《ひすい》のような色《いろ》をした蓮《はす》の葉《は》の上《うえ》に、極楽《ごくらく》の蜘蛛《くも》が一匹《いっぴき》、美《うつく》しい銀色《ぎんいろ》の糸《いと》をかけております。御釈迦様《おしゃかさま》はその蜘蛛《くも》の糸《いと》をそっと御手《おて》に御取《おと》りになって、玉《たま》のような白蓮《しらはす》の間《あいだ》から、遥《はる》か下《した》にある地獄《じごく》の底《そこ》へ、まっすぐにそれを御下《おおろ》しなさいました。

【覗《のぞ》き眼鏡《めがね》】
水面《すいめん》から水中《すいちゅう》を観察《かんさつ》するために底《そこ》にガラスをはめ込《こ》んだ箱《はこ》。箱《はこ》めがね。

【蠢《うごめ》く】
もぞもぞと動《うご》く。

【無暗《むやみ》】
無闇《むやみ》。あと先《さき》のことを考《かんが》えないで行動《こうどう》するさま。

【報《むくい》】
良《よ》いことをしたために受《う》ける幸《しあわ》せ、もしくは悪《わる》いことをしたために受《う》ける不幸《ふしあわ》せ。

【翡翠《ひすい》】
緑色《みどりいろ》の鉱石《こうせき》。

例《れい》

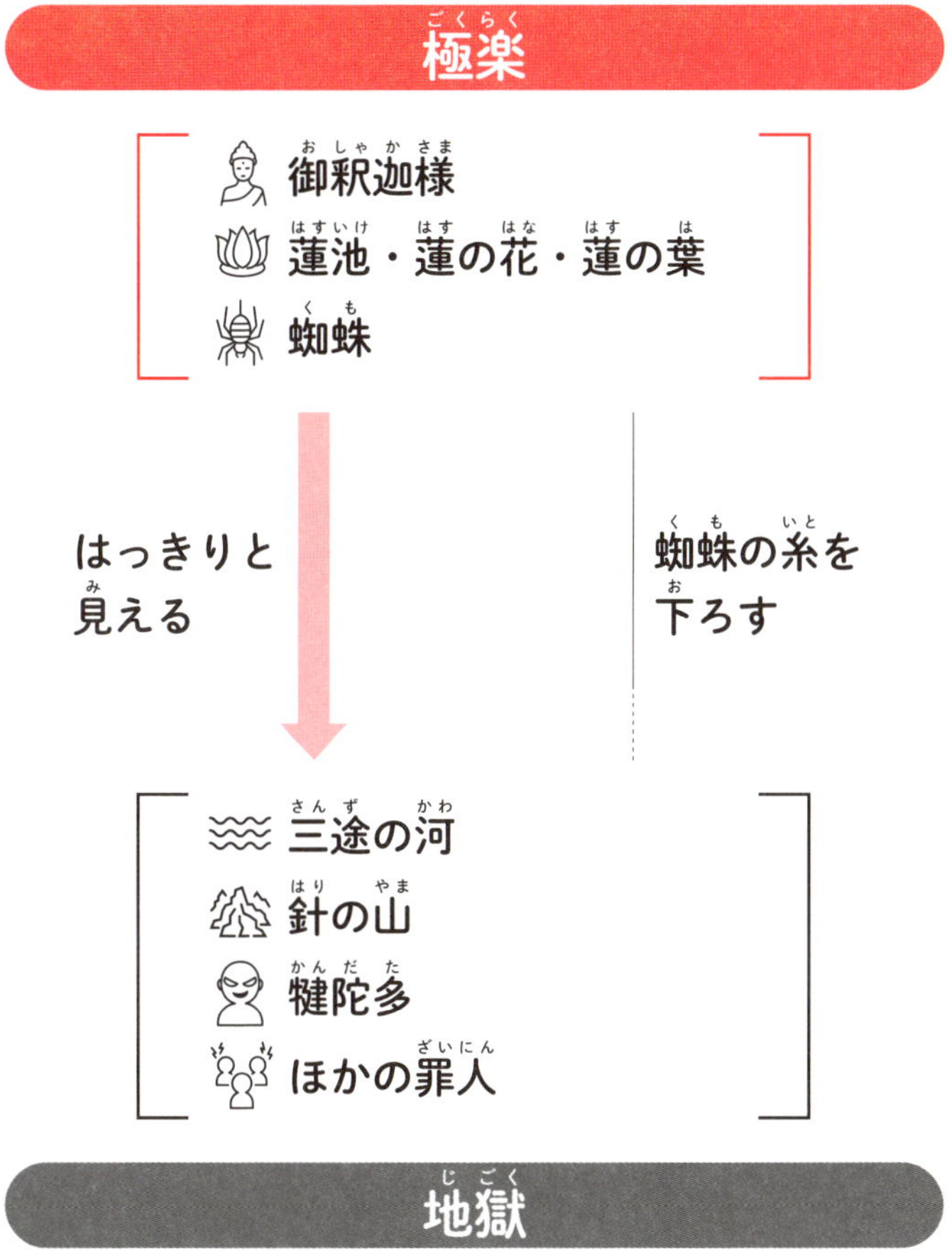
極楽《ごくらく》
御釈迦様《おしゃかさま》
蓮池《はすいけ》・蓮《はす》の花《はな》・蓮《はす》の葉《は》
蜘蛛《くも》
はっきりと見《み》える
蜘蛛《くも》の糸《いと》を下《お》ろす
三途《さんず》の河《かわ》
針《はり》の山《やま》
犍陀多《かんだた》
ほかの罪人《ざいにん》
地獄《じごく》

解説《かいせつ》

自分《じぶん》の頭《あたま》の中《なか》にイメージを描《えが》こう

文章《ぶんしょう》を読《よ》み進《すす》めるとき、どんな風景《ふうけい》が広《ひろ》がっているのか想像《そうぞう》しながら読《よ》んでいるかな。上《うえ》のように簡単《かんたん》な図《ず》と文字《もじ》で構造《こうぞう》をまとめる人《ひと》もいれば、映画《えいが》のような映像《えいぞう》が頭《あたま》の中《なか》に浮《う》かぶ人《ひと》もいるかもしれないね。物語文《ものがたりぶん》の景色《けしき》にまつわる表現《ひょうげん》の中《なか》には、登場人物《とうじょうじんぶつ》の気持《きも》ちをそれとなく示《しめ》しているものもあるから注意《ちゅうい》してみよう。自分《じぶん》なりにイメージできるようになると、読書《どくしょ》がどんどん楽《たの》しくなるよ。

登場人物《とうじょうじんぶつ》にまつわる描写《びょうしゃ》を理解《りかい》しよう

問題《もんだい》

「若草物語《わかくさものがたり》」を読《よ》んで、登場人物《とうじょうじんぶつ》と登場人物《とうじょうじんぶつ》についてわかることを整理《せいり》してみましょう。

ヒント

家族《かぞく》にまつわる言葉《ことば》に注意《ちゅうい》しながら読《よ》み進《すす》めよう。

「若草物語《わかくさものがたり》」ルイザ・メイ・オルコット／水谷《みずたに》まさる訳《やく》

第一《だいいち》　巡礼《じゅんれい》あそび

「プレゼントのないクリスマスなんか、クリスマスじゃないわ」

と、ジョウは、敷物《しきもの》の上《うえ》にねそべって不平《ふへい》そうにいいました。

「貧乏《びんぼう》ってほんとにいやねえ」

と、メグはじぶんの着古《きふる》した服《ふく》を見《み》ながらため息《いき》をつきました。

「ある少女《しょうじょ》が、いいものをたくさんもち、ある少女《しょうじょ》が、ちっとも、もたないなんて、不公平《ふこうへい》だと思《おも》うわ」

と、小《ちい》さいエミイは、鼻《はな》をならしながらいいました。

「でもね、あたしたちは、おとうさんもおかあさんもあるし、こうして姉妹《しまい》があるんだもの、いいじゃないの」

と、ベスが、すみのほうから満足《まんぞく》そうにいいました。

ストーブの火《ひ》に照《て》らしだされた四《よっ》つのわかわかしい顔《かお》は、この快《かい》活《かつ》な言葉《ことば》でいきいきとかがやきましたが、ジョウが悲《かな》しそうに、

「だって、おとうさんは従軍僧《じゅうぐんそう》で戦争《せんそう》にいっておるすだし、これからも長《なが》いことお目《め》にかかれないと思《おも》うわ」

と、いったとき、またもやくらい影《かげ》におおわれ、だれもしばらく口《くち》をききませんでした。けれど、やがてメグが調子《ちょうし》をかえて、

「おかあさんが、今年《ことし》のクリスマスは、プレゼントなしとおっしゃったのは、みんな暮《く》らしがつらくなるし、兵隊《へいたい》さんたちが戦争《せんそう》にいっているのに、たのしみのためにお金《かね》を使《つか》うのはいけないと、お考《かんが》えになったからよ。あたしたち、たいしたことはできないけど、すこしの犠牲《ぎせい》ははらえるし、よろこんではらうべきだわ。でも、あたしはらえるかしら？」

【鼻《はな》をならす】
鼻《はな》から短《みじか》く息《いき》を出《だ》して軽《かる》い音《おと》を立《た》てる。不平《ふへい》や不満《ふまん》を表《あらわ》すさま。

【快活《かいかつ》】
気《き》持《も》ちがさっぱりしていて明《あか》るいこと。

【従軍僧《じゅうぐんそう》】
軍隊《ぐんたい》に所属《しょぞく》して宗教《しゅうきょう》を広《ひろ》め、教《おし》え導《みちび》く者《もの》。「若草物語《わかくさものがたり》」における「戦争《せんそう》」は19世紀《せいき》にアメリカで起《お》きた南北戦争《なんぼくせんそう》を指《さ》す。

メグは、ほしいものを犠牲《ぎせい》にするのがおしいというように頭《あたま》をふりました。

「だけど、あたしたちの一《いち》ドルを献金《けんきん》したって、たいして兵隊《へいたい》さんの役《やく》にたつとは思《おも》えないわ。あたしはおかあさんやあなたがたから、プレゼントがもらえないのはいいとして、じぶんでアンデインとシントラム（本《ほん》の名《な》）を買《か》いたいわ。前《まえ》からほしかったんですもの」

と、本《ほん》の好《す》きなジョウがそういうと、ベスはため息《いき》をつきながら、

「あたしはあたらしい譜本《ふほん》を買《か》いたいわ」

エミイも、きっぱりと、

「あたし、フェバアの上等《じょうとう》の色鉛筆《いろえんぴつ》がほしいわ。ほんとにあたしいるんですもの」

と、いいました。ジョウは、

「おかあさんは、あたしたちのお金《かね》のこと、なんにもおっしゃらなかったわ。だから、めいめいほしいものを買《か》ってたのしみましょうよ。これだけのお金《かね》をもうけるのに、みんなずいぶん苦労《くろう》したんだもの」

と、紳士《しんし》がやるように長靴《ながぐつ》のかかとをしらべながらいいました。

【譜本《ふほん》】
歌《うた》や楽曲《がっきょく》の譜面《ふめん》が載《の》っている本《ほん》。

【めいめい】
それぞれ。おのおの。

例《れい》

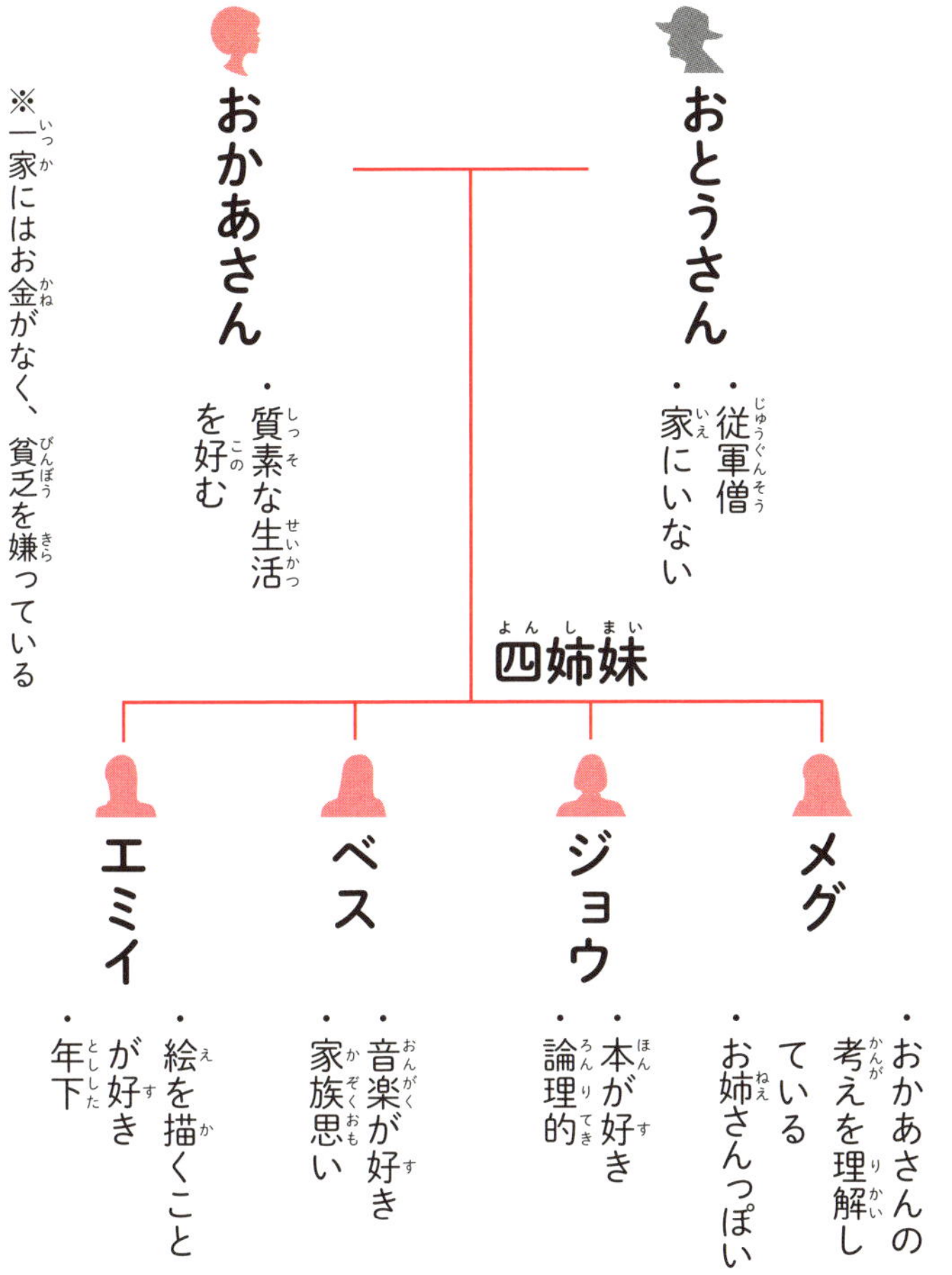
おとうさん
・従軍僧《じゅうぐんそう》
・家《いえ》にいない
おかあさん
・質素《しっそ》な生活《せいかつ》を好《この》む
※一家《いっか》にはお金《かね》がなく、貧乏《びんぼう》を嫌《きら》っている
四姉妹《よんしまい》
メグ
・おかあさんの考《かんが》えを理解《りかい》している
・お姉《ねえ》さんっぽい
ジョウ
・本《ほん》が好《す》き
・論理的《ろんりてき》
ベス
・音楽《おんがく》が好《す》き
・家族思《かぞくおも》い
エミイ
・絵《え》を描《か》くことが好《す》き
・年下《としした》

解説《かいせつ》

人物相関図《じんぶつそうかんず》を書《か》いてあらすじを理解《りかい》しよう

登場人物《とうじょうじんぶつ》の多《おお》い物語《ものがたり》や長《なが》い物語《ものがたり》を読《よ》んでいて、「この人《ひと》ってどんな人《ひと》だっけ?」とわからなくなった経験《けいけん》はないかな。そんなときは、登場人物《とうじょうじんぶつ》のキャラクターや関係性《かんけいせい》をまとめた「人物相関図《じんぶつそうかんず》（人物関係図《じんぶつかんけいず》）」を書《か》いてみよう。読《よ》み進《すす》めて新《あら》たにわかったことをどんどん書《か》き足《た》していくのがポイントだよ。登場人物《とうじょうじんぶつ》に対《たい》する理解《りかい》も深《ふか》まるし、いつでも物語《ものがたり》のあらすじを振《ふ》り返《かえ》ることができるんだ。

物語《ものがたり》の地理《ちり》を理解《りかい》しよう

問題《もんだい》

「その道《みち》」「E《イー》停留所《ていりゅうじょ》」「M《エム》停留所《ていりゅうじょ》」「T《ティー》（停留所《ていりゅうじょ》）」「作者《さくしゃ》の家《いえ》」の位置《いち》を示《しめ》す地図《ちず》を描《えが》きましょう。

ヒント

E《イー》とM《エム》からは、T《ティー》につながる線路《せんろ》が延《の》びているよ。

「路上《ろじょう》」

梶井基次郎《かじいもとじろう》

　自分《じぶん》がその道《みち》を見《み》つけたのは卯《う》の花《はな》の咲《さ》く時分《じぶん》であった。E《イー》の停留所《ていりゅうじょ》からでも帰《かえ》ることが出来《でき》る。しかもM《エム》停留所《ていりゅうじょ》からの距離《きょり》とさして違《ちが》わないという発見《はっけん》は大層《たいそう》自分《じぶん》を喜《よろこ》ばせた。変化《へんか》を喜《よろこ》ぶ心《こころ》と、も一《ひと》つは友人《ゆうじん》の許《もと》へ行《い》くのにM《エム》からだと大変《たいへん》大廻《おおまわ》りになる電車《でんしゃ》が、E《イー》からだと比較《ひかく》にならない程近《ほどちか》かったからだった。或《あ》る日《ひ》の帰途《きと》気《き》まぐれに自分《じぶん》はE《イー》で電車《でんしゃ》を降《お》り、あらましの見当《けんとう》と思《おも》う方《ほう》角《がく》へ歩《ある》いて見《み》た。しばらく歩《ある》いているうちに、なんだか知《し》っている

【卯《う》の花《はな》】初夏《しょか》に白《しろ》い花《はな》を咲《さ》かせるウツギ（作中《さくちゅう》ではうつぎ）の別名《べつめい》。

【帰途《きと》】帰《かえ》り道《みち》。

【あらまし】だいたい。おおよそ。

【見当《けんとう》】

ような道《みち》へ出《で》て来《き》たわいと思《おも》った。気《き》がついて見《み》ると、それはいつも自分《じぶん》がM《エム》の停留所《ていりゅうじょ》へ歩《ある》いてゆく道《みち》へつながって行《い》くところなのであった。小心翼々《しょうしんよくよく》と云《い》ったようなその瞬間《しゅんかん》までの自分《じぶん》の歩《ある》き振《ぶ》りが非道《ひど》く滑稽《こっけい》に思《おも》えた。そして自分《じぶん》は三度《さんど》に二度《にど》と云《い》う風《ふう》にその道《みち》を通《とお》るようになった。

　M《エム》も終点《しゅうてん》であったがこのE《イー》も終点《しゅうてん》であった。E《イー》から乗《の》るとT《ティー》で乗《のり》換《か》えをする。そのT《ティー》へゆくまでがM《エム》からだとE《イー》からの二倍《にばい》も三倍《さんばい》もの時間《じかん》がかかるのであった。電車《でんしゃ》はE《イー》とT《ティー》との間《あいだ》を単線《たんせん》で往復《おうふく》している。閑《のどか》な線《せん》で、発車《はっしゃ》するまでの間《あいだ》を、車掌《しゃしょう》がその辺《へん》の子供《こども》と巫山《ふざ》戯《け》ていたり、ポールの向《む》きを変《か》えるのに子供達《こどもたち》が引張《ひっぱ》らせて貰《もら》ったりなどしている。事故《じこ》などは少《すく》いでしょうと訊《き》くと、いやこれで案《あん》外《がい》多《おお》いのです。往来《おうらい》を走《はし》っているのは割合《わりあ》い少《すく》いものですが、など車掌《しゃしょう》は云《い》っていた。汽車《きしゃ》のように枕木《まくらぎ》の上《うえ》にレールが並《なら》べてあって、踏切《ふみきり》などをつけた、電車《でんしゃ》だけの道《みち》なのであった。

　窓《まど》からは線路《せんろ》に沿《そ》った家々《いえいえ》の内部《なか》が見《み》えた。破屋《あばらや》というのではないが、とりわけて見《み》ようというような立派《りっぱ》な家《いえ》では勿論《もちろん》なかった。しかし人《ひと》の家《いえ》の内部《なか》というものにはなにか心惹《こころひ》かれる風情《ふぜい》といった

おおよその方向《ほうこう》。

【小心翼々《しょうしんよくよく》】小《ちい》さなことにまで気《き》を使《つか》うこと。おっかなびっくり。

【滑稽《こっけい》】面白《おもしろ》く、おかしいこと。

【単線《たんせん》】同《おな》じ線路《せんろ》を、上《のぼ》りと下《くだ》りの列車《れっしゃ》や電車《でんしゃ》が使《つか》うこと。

【閑《のどか》】やすらかでのんびりしている様子《ようす》。

【往来《おうらい》】道《みち》。

ようなものが感《かん》じられる。窓《まど》から外《そと》を眺《なが》め勝《が》ちな自分《じぶん》は、或《あ》る日《ひ》その沿道《えんどう》に二本《にほん》のうつぎを見《み》つけた。

自分《じぶん》は中学《ちゅうがく》の時《とき》使《つか》った粗末《そまつ》な検索表《けんさくひょう》と首《くび》っ引《ぴき》で、その時分《じぶん》家《いえ》の近《ちか》くの原《はら》っぱや雑木林《ぞうきばやし》へ卯《う》の花《はな》を捜《さが》しに行《い》っていた。白《しろ》い花《はな》の傍《そば》へ行《い》っては検索表《けんさくひょう》と照《てら》し合《あわ》せて見《み》る。箱根《はこね》うつぎ、梅花《ばいか》うつぎ——似《に》たようなものはあってもなかなか本物《ほんもの》には打《ぶ》つからなかった。それが或《あ》る日《ひ》とうとう見《み》つかった。一度《いちど》見《み》つかったとなるとあとからあとからと眼《め》についた。そして花《はな》としての印象《いんしょう》はむしろ平凡《へいぼん》であった。——しかしその沿道《えんどう》で見《み》た二本《にほん》のうつぎには、やはり、風情《ふぜい》と云《い》ったものが感《かん》ぜられた。

【枕木《まくらぎ》】 鉄道《てつどう》のレールを支《ささ》えるために下《した》におく横木《よこぎ》。

【破屋《あばらや》】 古《ふる》くなって荒《あ》れ果《は》てた家《いえ》。

【風情《ふぜい》】 特別《とくべつ》な味《あじ》わい。

【検索表《けんさくひょう》】 生物《せいぶつ》の分類群《ぶんるいぐん》を認定《にんてい》するために調《しら》べる表《ひょう》。

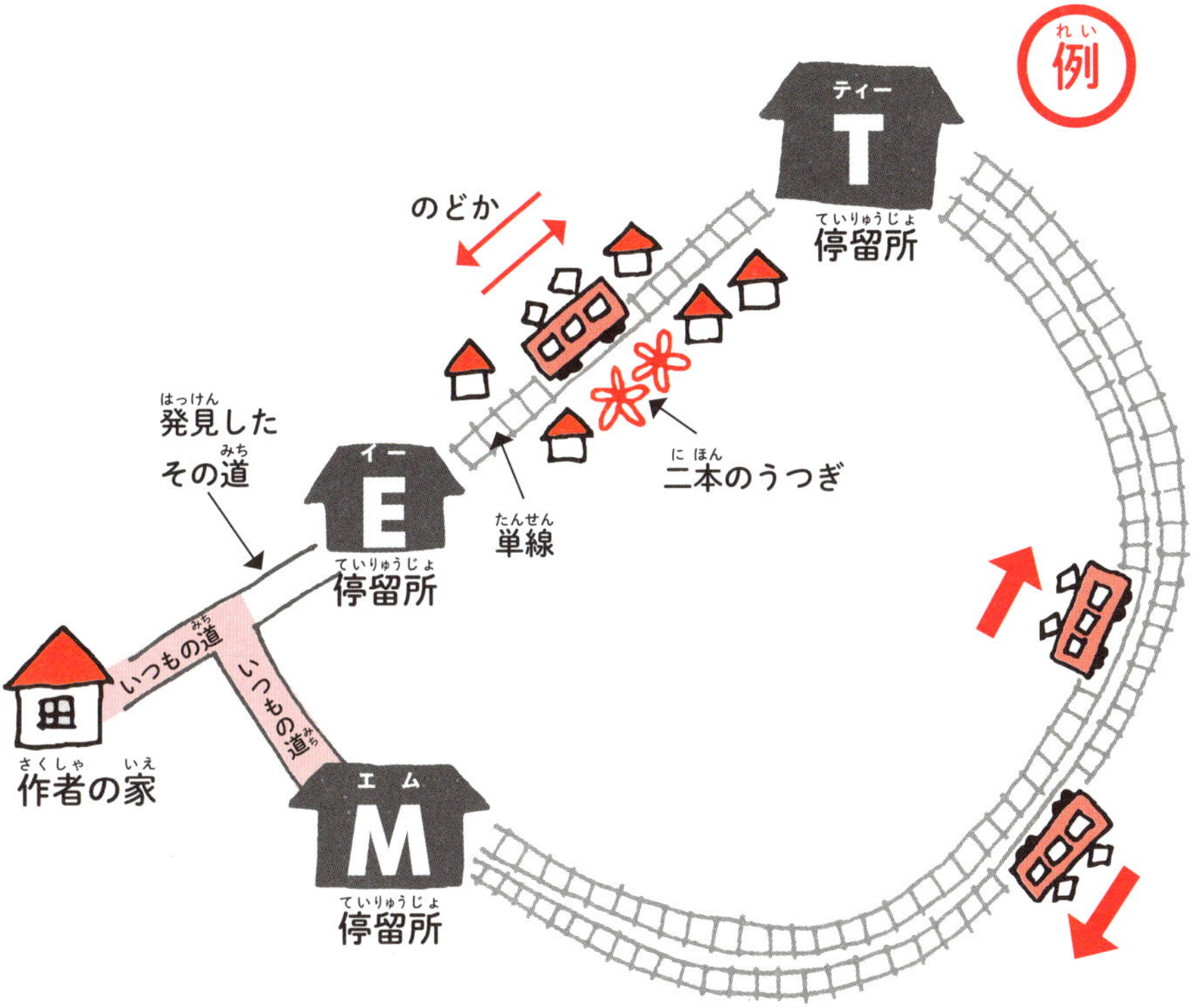
例《れい》
T《ティー》
停留所《ていりゅうじょ》
のどか
二本《にほん》のうつぎ
単線《たんせん》
発見《はっけん》した
その道《みち》
E《イー》
停留所《ていりゅうじょ》
いつもの道《みち》
いつもの道《みち》
田
作者《さくしゃ》の家《いえ》
M《エム》
停留所《ていりゅうじょ》

M停留所《エムていりゅうじょ》からT停留所《ティーていりゅうじょ》まで行《い》く時間《じかん》は、
E停留所《イーていりゅうじょ》からT停留所《ティーていりゅうじょ》まで行《い》く時間《じかん》の2倍《ばい》も3倍《ばい》もかかる

解説《かいせつ》

文章《ぶんしょう》をもとに地図《ちず》を描《えが》いて理解《りかい》を深《ふか》めよう

物語《ものがたり》に登場《とうじょう》する場所《ばしょ》がどんな地形《ちけい》か、周《まわ》りになにがあるのかといった説明《せつめい》をぼんやり読《よ》み流《なが》していないかな。読《よ》んでいて少《すこ》しでも「？」が浮《う》かんだら考《かんが》えるチャンス！　読《よ》み取《と》れた情報《じょうほう》を整理《せいり》しながら地図《ちず》を描《えが》いてみよう。物語《ものがたり》を理解《りかい》しやすくなるよ。旅行中《りょこうちゅう》の出来事《できごと》や歴史的《れきしてき》な出来事《できごと》を記《しる》してある文章《ぶんしょう》を読《よ》むときには、地図帳《ちずちょう》やインターネットで実際《じっさい》の地理《ちり》を調《しら》べながら読《よ》むのもオススメだよ。

主人公《しゅじんこう》の思《おも》いこみを理解《りかい》しよう

問題《もんだい》

次《つぎ》の文章《ぶんしょう》を読《よ》み、「現実《げんじつ》」と「主人公《しゅじんこう》の思《おも》いこみ」を整理《せいり》しましょう。

ヒント

思《おも》いこみは全部《ぜんぶ》で3つ挙《あ》げられるよ。

「ドン・キホーテ」

ミゲール・デ・セルバンテス／草鹿《くさか》宏《ひろし》訳《やく》

騎士《きし》物語《ものがたり》にとりつかれた郷士《ごうし》がドン・キホーテと名《な》のり旅《たび》に出《で》ること

十六世紀《じゅうろくせいき》のころ、イスパニヤ国《こく》の南部《なんぶ》、ラ・マンチャ県《けん》のある村《むら》に、ひとりの名《な》もない郷士《ごうし》が住《す》んでいた。もう中年《ちゅうねん》だが、体《からだ》だけは人一《ひといち》倍丈夫《ばいじょうぶ》で、やせ馬《うま》に乗《の》って狩《か》りをするのが無上《むじょう》の楽《たの》しみだった。おせじにも頭《あたま》がいいとはいえなかったが、郷士《ごうし》はいつのころからか勇《ゆう》

【イスパニヤ国《こく》】 現在《げんざい》のスペイン。

【ラ・マンチャ県《けん》】 スペインのほぼ中央《ちゅうおう》にある平原《へいげん》の農村地帯《のうそんちたい》。

【郷士《ごうし》】 地方《ちほう》に住《す》みついた下級貴族《かきゅうきぞく》。

【無上《むじょう》】

壮《そう》な騎《き》士《し》物語《ものがたり》にとりつかれ、狩《か》りに行《い》くのを忘《わす》れて、夜《よる》も寝《ね》ずに読《よ》みふけるようになった。

よろいかぶとに身《み》をかためた正義《せいぎ》の騎《き》士《し》が、馬《うま》にまたがって諸国《しょこく》を遍歴《へんれき》しながら、弱《よわ》きを助《たす》け、強《つよ》きをくじいて、後世《こうせい》に語《かた》りつがれるほどの武勲《ぶくん》をあげる。その、血《ち》わき、肉《にく》おどる冒険物語《ぼうけんものがたり》を読《よ》んでいるうち、郷士《ごうし》の空想《くうそう》はふくれあがって、あたかも自分《じぶん》が騎《き》士《し》になったかのように思《おも》いこんでしまった。

「よし、わしも旅《たび》に出《で》よう!」

さっそく郷士《ごうし》は蔵《くら》の奥《おく》から、先祖伝来《せんぞでんらい》のさびついた槍《やり》と盾《たて》をひっぱり出《だ》し、よろいかぶとのほこりをはらって身《み》につけた。それから自分《じぶん》はドン・キホーテという勇《いさ》ましそうな名前《なまえ》を名《な》のることにきめ、骨《ほね》と皮《かわ》ばかりのやせた馬《うま》をロシナンテと名《な》づけた。

「これでよし。あとは遍歴《へんれき》の騎《き》士《し》が思《おも》いをかける姫《ひめ》がいなくては、さまにならぬ。」

そこで、自分《じぶん》が片思《かたおも》いしていた農家《のうか》のむすめに、ドゥルシネーア姫《ひめ》という名《な》を勝手《かって》につけ、いよいよ旅《たび》に出《で》ることになった。

ぐずぐすしてはいられない。この世《よ》にはびこる不正《ふせい》や無法《むほう》にしい

それ以上《いじょう》のものはないこと。

【騎士《きし》】
中世《ちゅうせい》ヨーロッパで各国《かっこく》の領主《りょうしゅ》につかえ、騎馬《きば》で戦《たたか》った戦士《せんし》のこと。

【遍歴《へんれき》】
いろいろな土地《とち》をめぐり歩《ある》いて経験《けいけん》を積《つ》むこと。

【武勲《ぶくん》】
戦場《せんじょう》で立《た》てる手柄《てがら》。

【はびこる】
悪《わる》い者《もの》が勢《いきお》いをふるう。

【しいたげる】
ひどい目《め》にあわせる。

たげられている人《ひと》びとを救《すく》うのが騎士《きし》の役目《やくめ》で、一刻《いっこく》も早《はや》く計画《けいかく》を実行《じっこう》にうつさねばならぬ。そのもくろみをだれにも話《はな》さず、おんぼろのよろいかぶとに身《み》をかためたドン・キホーテは、真夏《まなつ》の夜明《よあ》け前《まえ》に、わが家《や》のくぐり戸《ど》からこっそりと、野原《のはら》へ出《で》て行《い》った。

※【中略《ちゅうりゃく》】

いつか日《ひ》はかたむき、やせ馬《うま》も人《ひと》もつかれはてて、ひもじさのあまり、よろけそうだった。どこかに城《しろ》か、せめてヒツジ飼《か》いの小屋《こや》でもないものかと見《み》わたすと、ゆくてに一軒《いっけん》の宿屋《やどや》を発見《はっけん》した。

「おお、わたしをむかえてくれる城《しろ》があるわい。」

じっさい、かれの目《め》にはそれが光《ひか》りかがやくお城《しろ》のように見《み》えたのだ。

出典《しゅってん》：「少年少女世界名作《しょうねんしょうじょせかいめいさく》の森《もり》9　ドン・キホーテ」集英社《しゅうえいしゃ》

※途中《とちゅう》の文章《ぶんしょう》を省《はぶ》くこと。

【もくろみ】計画《けいかく》。

例《れい》

現実《げんじつ》
郷士《ごうし》
農家《のうか》のむすめ
宿屋《やどや》
主人公《しゅじんこう》の思《おも》いこみ
騎士《きし》
ドゥルシネーア姫《ひめ》
城《しろ》

解説《かいせつ》

主人公《しゅじんこう》と従者《じゅうしゃ》のやり取《と》りも魅力《みりょく》

「ドン・キホーテ」は1605年《ねん》に出版《しゅっぱん》された古《ふる》い小説《しょうせつ》で、多《おお》くの作家《さっか》に影響《えいきょう》を与《あた》えたといわれているよ。自分《じぶん》を正義《せいぎ》の騎士《きし》だと思《おも》いこんだ主人公《しゅじんこう》が旅《たび》に出《で》て、いろいろなものと戦《たたか》おうとするんだ。従者《じゅうしゃ》のサンチョ・パンサがそのたびに「違《ちが》いますよ」と説明《せつめい》する様子《ようす》は、まるで漫才《まんざい》のボケとツッコミのようで面白《おもしろ》い。現実《げんじつ》とドン・キホーテの思《おも》いこみを関連《かんれん》づけながら、ぜひ読《よ》んでみてね。

作者《さくしゃ》の気持《きも》ちを理解《りかい》しよう

問題《もんだい》

「枕草子《まくらのそうし》」を読《よ》んで、清少納言《せいしょうなごん》が「良《よ》い」と思《おも》っている時間帯《じかんたい》とものを季節《きせつ》ごとに整理《せいり》しましょう。

ヒント

繰《く》り返《かえ》しゆっくり音読《おんどく》すると、内容《ないよう》が頭《あたま》に入《はい》りやすいよ。

「枕草子《まくらのそうし》」

清少納言《せいしょうなごん》

春《はる》はあけぼの。や《よ》うや《よ》うしろくなり行《ゆ》く、山《やま》ぎは《わ》すこしあかりて、むらさきだちたる雲《くも》のほそくたなびきたる。

現代語訳《げんだいごやく》

春《はる》はあけぼの（が良《よ》い）。だんだんと空《そら》が白《しら》んで、山《やま》のすぐ上《うえ》に紫《むらさき》がかった雲《くも》がたなびいている（のが良《よ》い）。

【あけぼの】
夜《よる》がほのぼのと明《あ》けはじめる頃《ころ》。

【白《しら》む】
夜《よる》が明《あ》けて明《あか》るくなる。

夏《なつ》はよる。月《つき》の頃《ころ》はさらなり、やみもなほ《お》、ほたるの多《おお》く飛《と》びちがひ《い》たる。また、ただひとつふたつなど、ほのかにうちひかりて行《い》くもを《お》かし。雨《あめ》など降《ふ》るもを《お》かし。

秋《あき》は夕暮《ゆうぐれ》。夕日《ゆうひ》のさして山《やま》のはいとちか《こ》うなりたるに、からすのねどころへ行《い》くとて、みつよつ、ふたつみつなどとびいそぐさへ《え》あは《わ》れなり。まいて雁《かり》などのつらねたるが、いとちひ《い》さ

夏《なつ》は夜《よる》（が良《よ》い）。月夜《つきよ》はもちろん、闇夜《やみよ》にホタルがたくさん飛《と》び交《か》っているさまや、ほんの1、2匹《ひき》がほのかに光《ひか》って飛《と》んでいるさまも良《よ》い。雨《あめ》が降《ふ》っている夜《よる》も趣《おもむき》を感《かん》じる。

秋《あき》は夕暮《ゆうぐ》れ（が良《よ》い）。夕日《ゆうひ》が山《やま》の端《は》に近《ちか》づいた頃《ころ》に、ねぐらに急《いそ》ぐカラスが3羽《わ》4羽《わ》、2羽《わ》、3羽《わ》と飛《と》んでいる様子《ようす》も心《こころ》がひかれる。まして、ガンなどが列《れつ》をつくって飛《と》んでいる様子《ようす》がとても小《ちい》さく見《み》えるのは、たいそう趣《おもむき》がある。日《ひ》が沈《しず》

【たなびく】
雲《くも》や煙《けむり》、かすみなどが横《よこ》に長《なが》くただよう。

【趣《おもむき》】
面白《おもしろ》み。味《あじ》わい。

【山《やま》の端《は》】
山《やま》の峰《みね》から峰《みね》へと続《つづ》く線《せん》。

くみゆるはいとを《お》かし。日《ひ》入《い》りはてて、風《かぜ》の音《おと》、むしのねなど、はたいふ《う》べきにあらず。

冬《ふゆ》はつとめて。雪《ゆき》の降《ふ》りたるはいふ《う》べきにもあらず、霜《しも》のいとしろきも、またさらでもいと寒《さむ》きに、火《ひ》などいそぎおこして、炭《すみ》もてわたるもいとつきづきし。昼《ひる》になりて、ぬるくゆるびもていけば、火桶《ひおけ》の火《ひ》もしろき灰《はい》がちになりてわろし。

んで聞《き》こえてくる風《かぜ》の音《おと》や虫《むし》の音《ね》などもまた、言《い》うまでもない。

冬《ふゆ》は早朝《そうちょう》（が良《よ》い）。雪《ゆき》が降《ふ》っている早朝《そうちょう》は言《い》うまでもない。また、真《ま》っ白《しろ》な霜《しも》がおりた早朝《そうちょう》も良《よ》い。雪《ゆき》や霜《しも》がなくても、とても寒《さむ》い早朝《そうちょう》に大急《おおいそ》ぎで火《ひ》をおこして、炭《すみ》を持《も》ち運《はこ》ぶ姿《すがた》も冬《ふゆ》らしい。昼《ひる》になって寒《さむ》さがゆるみ、火桶《ひおけ》の炭《すみ》が白《しろ》い灰《はい》がちになるのはみっともない。

【火桶《ひおけ》】木製《もくせい》の丸《まる》い火鉢《ひばち》。

例《れい》

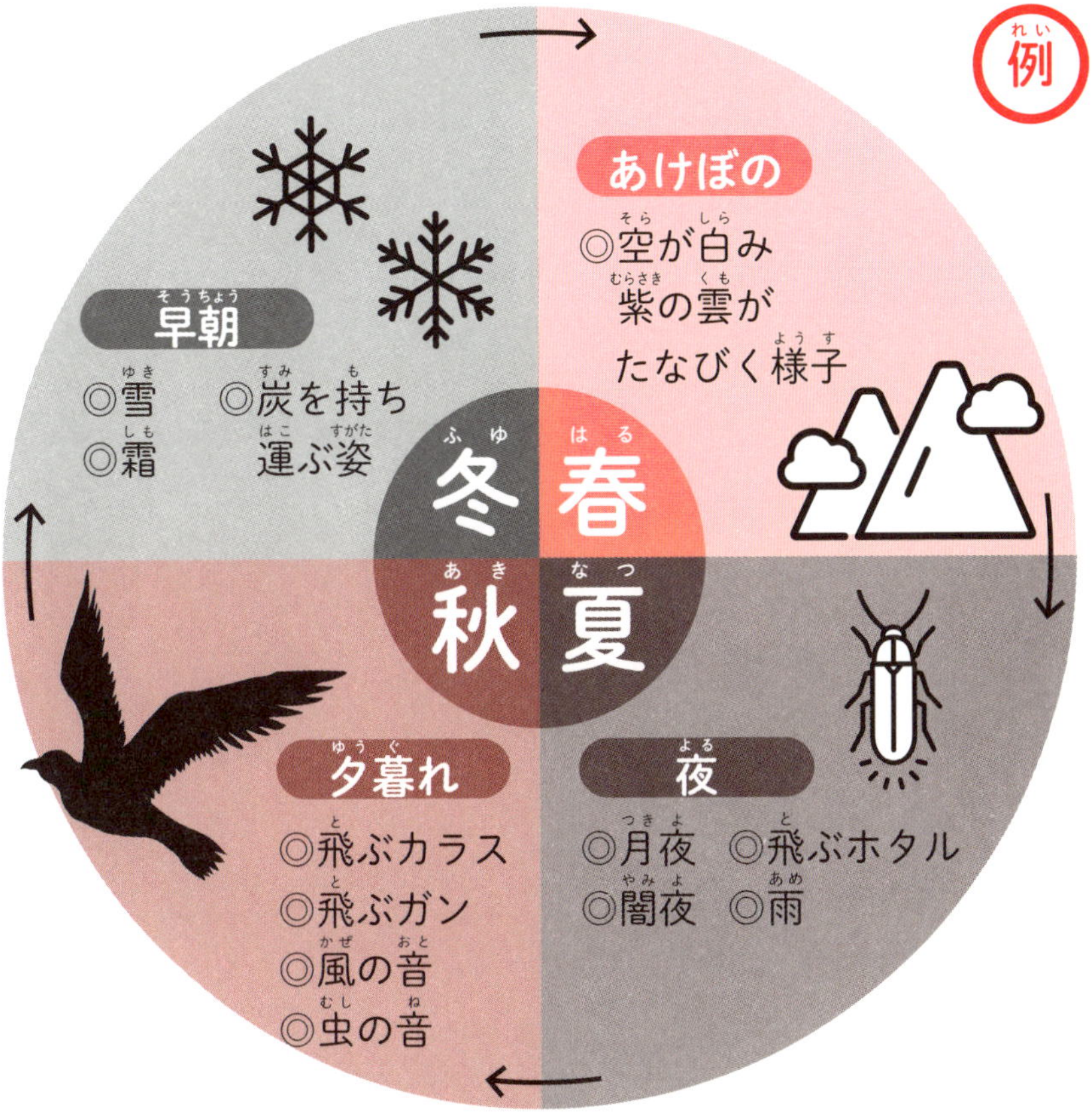

解説《かいせつ》

千年前《せんねんまえ》の季節感《きせつかん》を味《あじ》わい共感《きょうかん》しよう

「枕草子《まくらのそうし》」は平安時代《へいあんじだい》に清少納言《せいしょうなごん》という女性《じょせい》が書《か》いた随筆《ずいひつ》だよ。当時《とうじ》の貴族《きぞく》がどんな暮《く》らしをしていたのかを伝《つた》える貴重《きちょう》な文学作品《ぶんがくさくひん》なんだ。紹介《しょうかい》した文《ぶん》章《しょう》は、清少納言《せいしょうなごん》が「素敵《すてき》だな」と感《かん》じている四季《しき》の風景《ふうけい》について書《か》かれている。季節《きせつ》の移《うつ》り変《か》わりを味《あじ》わい、年中行事《ねんちゅうぎょうじ》を楽《たの》しむのは貴族《きぞく》の大事《だいじ》な仕事《しごと》だったんだ。上《うえ》のように整理《せいり》してみると、「わかる！」と共感《きょうかん》できるものも多《おお》いよね。

名探偵《めいたんてい》の論理的思考《ろんりてきしこう》を理解《りかい》しよう

問題《もんだい》

名探偵《めいたんてい》ホームズが「観察《かんさつ》したこと」と、そこから「推理《すいり》したこと」を整理《せいり》してみましょう。

ヒント　「推理《すいり》」は「事実《じじつ》や経験《けいけん》をもとに推《お》しはかること」だよ。

「名探偵《めいたんてい》ホームズ　四《よっ》つの署名《しょめい》」

コナン・ドイル／日暮《ひぐらし》まさみち訳《やく》

【あらすじ】有名《ゆうめい》な私立探偵《しりつたんてい》シャーロック・ホームズに、同居人《どうきょにん》であるワトソン博士《はかせ》が「観察《かんさつ》」と「推理《すいり》」について質問《しつもん》しています。

　ホームズはイスにゆったりともたれると、パイプから濃《こ》い青色《あおいろ》の煙《けむり》の輪《わ》を、ぷかりぷかりとはきだした。

「たとえばだよ、きみが今朝《けさ》、ウィグモア街郵便局《がいゆうびんきょく》へ行《い》ってきたとわかるのは、観察《かんさつ》だ。きみがそこで電報《でんぽう》を打《う》ったということを、ぼくに教《おし》えてくれるのが、推理《すいり》なのさ。」

「あたりだ。両方《りょうほう》とも大《おお》あたり。でも、なぜわかったんだろう。ぼくは急《きゅう》に思《おも》い立《た》って出《で》かけたんだし、だれにもいってないのに。」

おどろくわたしを見《み》て、ホームズはさも愉快《ゆかい》そうにくすくす笑《わら》った。

「そんなのは、かんたんそのものさ。ばかばかしいほどかんたんで、説明《せつめい》するまでもないんだが、観察《かんさつ》と推理《すいり》をはっきり区別《くべつ》するには、役《やく》だつかもしれないな。

ぼくが観察《かんさつ》したところ、きみの靴《くつ》の甲《こう》には赤土《あかつち》がすこしついている。ウィグモア街郵便局《がいゆうびんきょく》のむかいでは、最近《さいきん》舗装《ほそう》をはがして土《つち》を掘《ほ》り返《かえ》したから、その土《つち》を踏《ふ》まずに郵便局《ゆうびんきょく》にははいれない。独特《どくとく》の赤《あか》みをおびた土《つち》で、ぼくの知《し》るかぎりでは、この近所《きんじょ》ではあそこにしかない。

ここまでが観察《かんさつ》だ。」

「それじゃ、電報《でんぽう》を打《う》ったというのは、どうやって推理《すいり》したんだい？」

「うん。午前中《ごぜんちゅう》ずっとむかいあってすわってたんだから、きみが手《て》紙《がみ》を書《か》かなかったことは、ぼくが知《し》っていてもおかしくはないだろ

【電報《でんぽう》】文字《もじ》や数字《すうじ》などを電気信号《でんきしんごう》に変《か》えて、送《おく》ったり受《う》け取《と》ったりする知《し》らせ。ホームズが活躍《かつやく》した時代《じだい》のイギリスでは、郵便局《ゆうびんきょく》に行《い》って電報《でんぽう》を打《う》っていた。

【愉快《ゆかい》】楽《たの》しくて、晴《は》れ晴《ば》れとした様子《ようす》。

【舗装《ほそう》】道路《どうろ》の表面《ひょうめん》を石《いし》やコンクリート、アスファルトなどで固《かた》めること。

う？　開《あ》けっぱなしのきみの机《つくえ》に、切手《きって》やはがきがたっぷりあるということも、ぼくにはよくわかっている。

となると、きみが郵便局《ゆうびんきょく》へ出《で》かけて行《い》く用事《ようじ》といえば、電報《でんぽう》を打《う》つ以外《いがい》に考《かんが》えられないじゃないか。ひとつひとつ打《う》ち消《け》して行《い》けば、最後《さいご》にのこるのが事実《じじつ》ということになるのさ。」

ホームズの「観察《かんさつ》」と「推理《すいり》」

例《れい》

観察《かんさつ》		推理《すいり》
靴《くつ》の甲《こう》にウィグモア街《がい》郵便局《ゆうびんきょく》のむかいにしかない赤土《あかつち》がついている	→	ウィグモア街郵便局《がいゆうびんきょく》に行《い》った
午前中《ごぜんちゅう》、ワトソン博士《はかせ》は手紙《てがみ》を書《か》いていない	→	郵便局《ゆうびんきょく》には手紙《てがみ》を出《だ》しに行《い》ったわけではない
切手《きって》やはがきはワトソン博士《はかせ》の机《つくえ》にたっぷりある	→	切手《きって》やはがきを買《か》いに行《い》ったわけでもない

つまり

ワトソン博士《はかせ》は郵便局《ゆうびんきょく》に電報《でんぽう》を打《う》ちに行《い》った

解説《かいせつ》

推理小説《すいりしょうせつ》で論理的思考力《ろんりてきしこうりょく》を鍛《きた》えよう

シャーロック・ホームズはイギリスの推理作家《すいりさっか》コナン・ドイルが生《う》み出《だ》した名探偵《めいたんてい》。さまざまな犯罪《はんざい》やミステリーを、観察力《かんさつりょく》と豊富《ほうふ》な知識《ちしき》を用《もち》いて解《と》き明《あ》かしていくよ。初対面《しょたいめん》の人《ひと》の様子《ようす》を観察《かんさつ》して、職業《しょくぎょう》や性格《せいかく》を論理的《ろんりてき》に言《い》い当《あ》てるのもお手《て》のものなんだ。さらには帽子《ぼうし》や時計《とけい》などの小物《こもの》から持《も》ち主《ぬし》を推理《すいり》することもある。推理小説《すいりしょうせつ》は論理的思考力《ろんりてきしこうりょく》を鍛《きた》えてくれるから、たくさん読《よ》んでほしいな。

主人公《しゅじんこう》の考《かんが》えを理《り》解《かい》しよう

問題《もんだい》

① 「智《ち》」「情《じょう》」「意《い》（意地《いじ》）」の意味《いみ》と役割《やくわり》を考《かんが》え、

② 主人公《しゅじんこう》が考《かんが》えたことをまとめよう。

ヒント

難《むずか》しい言葉《ことば》は辞書《じしょ》で調《しら》べながら考《かんが》えてみよう。

「草枕《くさまくら》」

夏目漱石《なつめそうせき》

山路《やまみち》を登《のぼ》りながら、こう考《かんが》えた。

智《ち》に働《はたら》けば角《かど》が立《た》つ。情《じょう》に棹《さお》させば流《なが》される。意地《いじ》を通《とお》せば窮屈《きゅうくつ》だ。とかくに人《ひと》の世《よ》は住《す》みにくい。

住《す》みにくさが高《こう》じると、安《やす》い所《ところ》へ引《ひ》き越《こ》したくなる。どこへ越《こ》しても住《す》みにくいと悟《さと》った時《とき》、詩《し》が生《うま》れて、画《え》が出来《でき》る。

人《ひと》の世《よ》を作《つく》ったものは神《かみ》でもなければ鬼《おに》でもない。やはり向《むこ》う三《さん》

【角《かど》が立《た》つ】人間関係《にんげんかんけい》が穏《おだ》やかでなくなる。

【棹《さお》さす】流《なが》れに乗《の》って勢《いきお》いをつける。

【とかく】あれやこれや。いろいろと。

【向《むこ》う三軒両隣《さんげんりょうどなり》】自分《じぶん》の家《いえ》の向《む》かい側《がわ》の家《いえ》3

軒両隣《げんりょうどな》りにちらちらするただの人《ひと》である。ただの人《ひと》が作《つく》った人《ひと》の世《よ》が住《す》みにくいからとて、越《こ》す国《くに》はあるまい。あれば人《ひと》でなしの国《くに》へ行《い》くばかりだ。人《ひと》でなしの国《くに》は人《ひと》の世《よ》よりもなお住《す》みにくかろう。越《こ》す事《こと》のならぬ世《よ》が住《す》みにくければ、住《す》みにくい所《ところ》をどれほどか、寛容《くつろげ》て、束《つか》の間《ま》の命《いのち》を、束《つか》の間《ま》でも住《す》みよくせねばならぬ。ここに詩人《しじん》という天職《てんしょく》が出来《でき》て、ここに画家《がか》という使命《しめい》が降《くだ》る。あらゆる芸術《げいじゅつ》の士《し》は人《ひと》の世《よ》を長閑《のどか》にし、人《ひと》の心《こころ》を豊《ゆた》かにするが故《ゆえ》に尊《たっ》とい。

軒《けん》と左右《さゆう》の隣家《りんか》。ご近所《きんじょ》さん。

【人《ひと》でなし】人《ひと》の情《なさ》けや倫理《りんり》がわからない人《ひと》。

【天職《てんしょく》】その人《ひと》の才能《さいのう》や性格《せいかく》にふさわしい職業《しょくぎょう》。

1

	意味《いみ》	役割《やくわり》	例《れい》
智《ち》	知性《ちせい》	物事《ものごと》を考《かんが》えたり、判断《はんだん》したりする	智《ち》に働《はたら》けば角《かど》が立《た》つ =頭《あたま》が良《よ》すぎると、人間関係《にんげんかんけい》でトラブルが起《お》こる
情《じょう》	感情《かんじょう》 人情《にんじょう》	物事《ものごと》に応《おう》じて心《こころ》を動《うご》かしたり、人《ひと》の気持《きも》ちを考《かんが》えたりする	情《じょう》に棹《さお》させば流《なが》される =人《ひと》の気持《きも》ちと感情《かんじょう》に寄《よ》り添《そ》いすぎると流《なが》されてしまう
意《い》	やりとげようとする心《こころ》	強《つよ》い考《かんが》えと行動《こうどう》を示《しめ》す	意地《いじ》を通《とお》せば窮屈《きゅうくつ》だ =自分《じぶん》の意志《いし》を押《お》し通《とお》そうとすると自由《じゆう》がきかず、堅苦《かたくる》しい

とかくに人《ひと》の世《よ》は住《す》みにくい

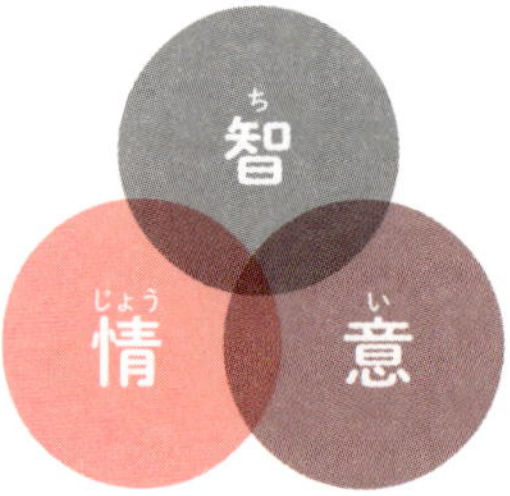

「智《ち》」「情《じょう》」「意《い》」のかたよりが出《で》ないように生《い》きるのは大変《たいへん》だ

解説《かいせつ》

「知情意《ちじょうい》」のバランスが大切《たいせつ》

主人公《しゅじんこう》が山路《やまみち》を登《のぼ》りながら考《かんが》えた「知性《ちせい》」と「感情《かんじょう》」と「意《い》地《じ》」の関係《かんけい》は、まとめて「知《ち》情意《じょうい》」とも呼《よ》ばれているんだ。夏目漱石《なつめそうせき》はここでは「意地《いじ》」としたけれど、本来《ほんらい》は「意志《いし》」を意味《いみ》するよ。人間《にんげん》が成長《せいちょう》し、生《い》きていくうえでは「知情意《ちじょうい》」のバランスが大事《だいじ》。それぞれが行《い》き過《す》ぎてしまった場合《ばあい》は主人公《しゅじんこう》が考《かんが》えたような問題《もんだい》が起《お》きる。人間関係《にんげんかんけい》に疲《つか》れて悩《なや》んでいる主《しゅ》人公《じんこう》の心情《しんじょう》も読《よ》み取《と》れるよね。

2 例《れい》

人《ひと》の世《よ》は住《す》みにくい。

↓ だから

引《ひ》っ越《こ》したくなる。

↓ けれども

どこに行《い》っても住《す》みにくいと悟《さと》る。

↓ そこで

詩《し》が生《う》まれて、画《え》（絵《え》）が出来《でき》る。

↓ なぜなら

住《す》みにくい所《ところ》を少《すこ》しでも住《す》みやすくしなくてはいけないからだ。

↓ そのためには

人《ひと》の世《よ》を長閑《のどか》にし、心《こころ》を豊《ゆた》かにする芸術《げいじゅつ》が必要《ひつよう》だ。

↓ だからこそ

芸術家《げいじゅつか》は尊《たっと》い。

解説《かいせつ》

「つなぐ言葉《ことば》」を付《つ》け足《た》しながら読《よ》み解《と》こう

小説《しょうせつ》の登場人物《とうじょうじんぶつ》が気持《きも》ちや考《かんが》えを語《かた》るシーンでは、STEP《ステップ》4（144～187P《ページ》）で学《まな》んだような「文《ぶん》と文《ぶん》をつなぐ言葉《ことば》（接続詞《せつぞくし》）」がはっきりと書《か》かれていないことがよくあるんだ。

そんなときは、上《うえ》にまとめたように話《はなし》の筋道《すじみち》が通《とお》る接続詞《せつぞくし》をおぎないながら読《よ》んでいこう。

「草枕《くさまくら》」の主人公《しゅじんこう》は画家《がか》なんだ。だからこそ芸術《げいじゅつ》が人《ひと》の暮《く》らしに必要《ひつよう》だと強《つよ》く感《かん》じているし、話《はなし》の筋道《すじみち》にも説得力《せっとくりょく》があるよね。

おわりに

「12歳《さい》までに知《し》っておきたい論理的思考力図鑑《ろんりてきしこうりょくずかん》」を読《よ》み終《お》えて、どうだったかな？　きっと、手強《てごわ》くてすぐにはわからない問題《もんだい》もあったかもしれないね。でも、大切《たいせつ》なのは思考《しこう》のプロセス（道《みち》のり）を理解《りかい》して、解《と》き直《なお》し、自分《じぶん》の中《なか》に論理的思考力《ろんりてきしこうりょく》のタネをまくことなんだ。ぜひ、何度《なんど》も読《よ》んでチャレンジしてほしいな。

日常生活《にちじょうせいかつ》で「困《こま》ったな」と感《かん》じる出来事《できごと》や問題《もんだい》にぶつかったときこそ、論理的思考力《ろんりてきしこうりょく》を鍛《きた》えるチャンスでもあるよ。状況《じょうきょう》を整理《せいり》して、筋道《すじみち》を立《た》てて考《かんが》えれば、より良《よ》い解決策《かいけつさく》が導《みちび》き出《だ》せるはず。論理的思考力《ろんりてきしこうりょく》を武器《ぶき》に、楽《たの》しくたくましく生《い》きていこう！

出典一覧《しゅってんいちらん》

「走《はし》れメロス」『走《はし》れメロス』太宰治《だざいおさむ》／著《ちょ》（新潮社《しんちょうしゃ》）

「蜘蛛《くも》の糸《いと》」『蜘蛛《くも》の糸《いと》・杜子春《とししゅん》』芥川龍之介《あくたがわりゅうのすけ》／著《ちょ》（新潮社《しんちょうしゃ》）

「若草物語《わかくさものがたり》」『若草物語《わかくさものがたり》』ルイザ・メイ・オルコット／著《ちょ》　水谷《みずたに》まさる／訳《やく》（オリオンブックス）

「路上《ろじょう》」『梶井基次郎全集《かじいもとじろうぜんしゅう》』梶井基次郎《かじいもとじろう》／著《ちょ》（筑摩書房《ちくましょぼう》）

「ドン・キホーテ」『少年少女世界名作《しょうねんしょうじょせかいめいさく》の森《もり》9　ドン・キホーテ』
　ミゲール・デ・セルバンテス／著《ちょ》　草鹿宏《くさかひろし》／訳《やく》（集英社《しゅうえいしゃ》）

「枕草子《まくらのそうし》」『枕草子《まくらのそうし》』清少納言《せいしょうなごん》／著《ちょ》　池田亀鑑《いけだきかん》／校訂《こうてい》（岩波書店《いわなみしょてん》）

「名探偵《めいたんてい》ホームズ　四《よっ》つの署名《しょめい》」『講談社《こうだんしゃ》　青《あお》い鳥文庫《とりぶんこ》　名探偵《めいたんてい》ホームズ　四《よっ》つの署名《しょめい》』
　コナン・ドイル／作《さく》　日暮《ひぐらし》まさみち／訳《やく》（講談社《こうだんしゃ》）

「草枕《くさまくら》」『夏目漱石全集《なつめそうせきぜんしゅう》3』夏目漱石《なつめそうせき》／著《ちょ》（筑摩書房《ちくましょぼう》）

※漢字を新字体に改めた箇所があります。
※漢字の読み仮名は、現代仮名遣いに改めています。
※原典に読み仮名のついていない漢字と繰り返し記号には、ふさわしいと考えられる読み仮名をつけました。

齋藤 孝（さいとう　たかし）

1960年静岡県生まれ。明治大学文学部教授。東京大学法学部卒業。専門は教育学、身体論、コミュニケーション論。著書に『12歳までに知っておきたい語彙力図鑑』『12歳までに知っておきたい言い換え図鑑』『12歳までに知っておきたい読解力図鑑』（いずれも日本能率協会マネジメントセンター）『誰でも書ける最高の読書感想文』（角川文庫）『呼吸入門』『上機嫌の作法』『三色ボールペン情報活用術』（以上、角川新書）『大人のための読書の全技術』（KADOKAWA 中経出版）『声に出して読みたい日本語』（草思社）『雑談力が上がる話し方』（ダイヤモンド社）など。NHK E テレ『にほんごであそぼ』総合指導。

「考える力」が深まる！
12歳までに知っておきたい論理的思考力図鑑

2025年 3月10日　初版第1刷発行

著　者　齋藤 孝　　©2025 Takashi Saito
発行者　張 士洛
発行所　日本能率協会マネジメントセンター
〒103-6009　東京都中央区日本橋 2-7-1　東京日本橋タワー
TEL 03（6362）4339（編集）／03（6362）4558（販売）
FAX 03（3272）8127（編集・販売）
https://www.jmam.co.jp/

企画・制作　micro fish
構成・編集協力　本間美加子
カバー・本文デザイン　平林亜紀（micro fish）
イラスト　森のくじら
写真提供　ピクスタ
　　　　　スタジオジブリ
印刷・製本　三松堂株式会社

ISBN　978-4-8005-9282-8　C8077
落丁・乱丁はおとりかえします。
PRINTED IN JAPAN